애피타이저를 위한 전체 가이드

모든 유형의 이벤트 및 상황에 맞는100 가지 맛있고
쉬운 애피타이저 레시피

서영 기

목차

6

소개

애피타이저는 일반적으로 식사 전이나 식사 시간 사이에 제공되는 핑거 푸드로 전채 요리, 전채 요리 또는 스타터라고도 하며 상황과 시간에 따라 매우 단순한 것부터 매우 복잡한 것까지 다양합니다. 만드는 중입니다. 식사 전에 제공되는 식전주, 칵테일의 일반적인 반주입니다.

저녁 식사, 연회 등에서는 식사 전에 전채 요리가 제공될 수 있습니다. 이는 특히 결혼식에서 결혼식이 끝난 후 결혼식 파티와 하객들이 피로연에 참석하는 데 시간이 걸리는 경우 흔히 발생합니다. 정규 식사 시간 이후에 열리는 긴 파티에서는 애피타이저가 제공될 수 있습니다. 저녁 식사를 제공할 의도가 없는 오후 파티 또는 저녁 식사 후에 열리는 저녁 파티에는 손님들이 간식을 즐길 수 있도록 애피타이저가 포함될 수 있습니다. 많은 레스토랑에서는 식사 직전에 첫 번째 코스로 주문되는 다양한 애피타이저를 제공합니다.

애피타이저는 맛이 크고 크기와 가격이 작아야 합니다. 애피타이저는 독특하고 매운 맛과 식욕을 자극하는 특성을 가지고 있어야 합니다. 절인 음식과 소금에 절인 음식, 산, 후추, 파프리카가 제조 과정에서 눈에 띄는 역할을 합니다. 생 굴과 조개, 자몽, 멜론, 과일 칵테일, 카나페와 정어리, 멸치, 캐비어 페이스트를 얹은 작은 샌드위치, 랍스터와 게살, 치즈, 올리브 및 기타 풍미 가득한 혼합물, 매운 계란, 작은 즙이 많은 샐러드 등은 모두 가능합니다. 전채 요리 목록에 편견 없이 포함되었습니다. 미국 일부 지역에서는 항상 전채 요리인 샐러드로 저녁 식사를 시작합니다.

1. 박제 피망

수확량: 속을 채운 고추 6 개

재료

- 큰 빨간 피망 6 개
- 얇게 썬 버섯 1 파운드,
- 코코넛 오일 1 티스푼
- 옥수수빵 부스러기 $\frac{1}{3}$ 컵
- 쌀겨기름 1 테이블스푼
- 껍질을 벗기고 갈아서 만든 생 비트 1 컵
- 얇게 썬 양파 $\frac{1}{2}$ 개
- 야채육수 1 컵

지도:

a) 오븐을 375°F 로 예열하세요.

b) 프라이팬에 코코넛 오일을 두르고 버섯을 볶습니다.

c) 각 고추의 꼭대기를 제거하십시오. 고추의 속을 제거하고 깨끗이 씻어주세요.

d) 큰 믹싱볼에 다른 모든 재료를 섞습니다. 소금과 후추로 맛을 낸다.

e) 혼합물로 고추를 느슨하게 채우고 베이킹 팬에 서로 가깝게 배열합니다.

f) 팬 바닥에 1 인치의 뜨거운 물을 넣으세요.

g) 45 분 동안 굽습니다.

h) 불에서 팬을 제거하고 서빙합니다.

2. 베이컨으로 감싼 미트볼

수율: 10

재료

- 1 팩(26 온스) 미트볼

- 스트립으로 자른 베이컨 1 팩

- 허니 바비큐 소스 1 병

지도:

a) 오븐을 화씨 400 도까지 예열하세요.

b) 17" x 11" 베이킹 시트에 양피지를 깔아주세요.

c) 각 미트볼 주위에 베이컨 조각의 1/3 을 감싸고 이쑤시개로 고정합니다.

d) 포장된 미트볼을 양피지 위에 한 겹으로 놓고 20-25 분 동안 또는 베이컨이 익을 때까지 굽습니다.

e) 팬에서 미트볼을 꺼내 허니 바비큐 소스를 발라줍니다.

f) 미트볼을 오븐에 다시 5 분간 더 돌려 바비큐 소스를 캐러멜화하세요.

3. 추수감사절박제 버섯

수율: 4

재료

- 큰 크레미니 버섯 또는 흰 버섯 8 개
- 옥수수 가루 $\frac{1}{2}$ 컵
- 코코넛 밀크 1 컵
- 잘게 썬 붉은 사탕무 1 컵
- 잘게 썬 당근 $\frac{1}{2}$ 컵

지도:

a) 버섯에서 줄기를 제거하고 털어낸 후 씻어낸 다음 둥근 면이 위로 오도록 베이킹 시트에 놓고 화씨 475 도에서 5 분간 굽습니다.

b) 푸드 프로세서에 버섯 줄기, 옥수수 가루, 사탕무, 당근, 코코넛 밀크를 섞습니다.

c) 작은 프라이팬에 속을 5 분 동안 요리하세요. 으깨서 페이스트로 만듭니다.

d) 오븐에서 뚜껑을 제거하고 골프공 크기의 스쿱 한 스푼을 각 버섯 뚜껑에 넣습니다.

e) 오븐을 400°F 로 예열하고 속을 채운 버섯 뚜껑을 15 분 동안 굽습니다.

f) 오븐에서 꺼내 바질로 장식한 후 즉시 서빙하세요.

4. 만체고 토르타스와 초리조

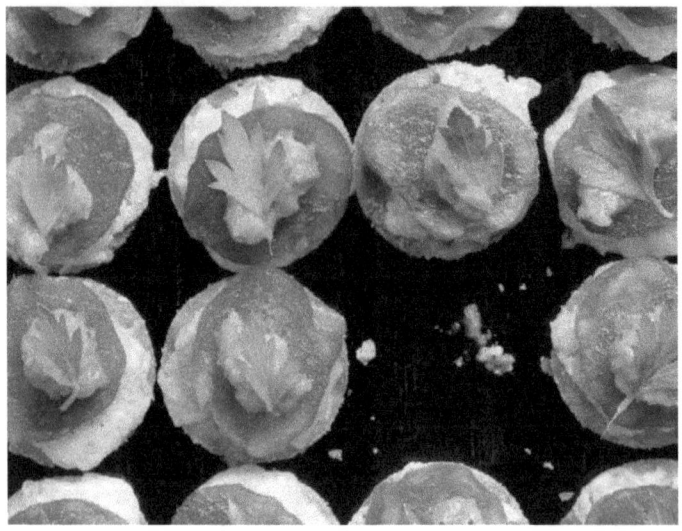

산출량: 16 인분

재료

- 구운 아몬드 $\frac{1}{2}$ 컵

- 셰리 식초 2 테이블스푼

- 말린 오레가노 $\frac{1}{2}$ 티스푼

- 소금 $\frac{1}{4}$ 티스푼

- 으깬 고추 $\frac{1}{4}$ 티스푼

- 치폴레 칠리 1 테이블스푼

- 구운 붉은 피망(통조림) 2 개

- 마늘 1 쪽

- 엑스트라 버진 올리브 오일 $\frac{1}{2}$ 컵

- 통밀 샌드위치 라운드 3 개

- 2 온스 만체고 치즈, 깎은 것

- 4 온스 스페인식 초리조(32 조각으로 자른 것)

- 1/2컵 납작한 파슬리 잎

지도:

a) 오븐을 예열하여 굽습니다.

b) 잘 섞일 때까지 처음 8 가지 재료(마늘까지)를 펄스로 펄스합니다.

c) 푸드 프로세서가 작동하는 동안 천천히 오일을 뿌리고 부드러워질 때까지 처리합니다.

d) 날카롭고 둥근 쿠키 커터를 사용하여 샌드위치 라운드에서 32(1 1/4 인치)의 원을 잘라냅니다.

e) 베이킹 팬에 빵을 한 겹으로 놓고 치즈를 고르게 얹습니다.

f) 3 분간 또는 치즈가 녹을 때까지 굽습니다. 오븐에서 접시를 꺼냅니다.

g) 각각 초리조 슬라이스 1 개, 로메스코 1/4 티스푼, 파슬리 잎 1 개를 추가합니다.

5. 오븐에 구운 사과

수율: 4

재료:

- 속을 제거한 큰 사과 4 개
- 흑설탕 4 테이블스푼
- 블랙스트랩 당밀 1 티스푼
- 유기농 백설탕 1 테이블스푼
- 계피 1/8 티스푼
- 코코넛 오일 1 티스푼
- 잘게 다진 호두 1/4 컵
- 다진 대추 또는 건포도 1 테이블스푼
- 뜨거운 물 1/4 컵

지도:

a) 믹싱 접시에 물을 제외한 모든 재료를 반죽이 형성될 때까지 섞습니다.

b) 냄비에 물을 반쯤 채우고 사과를 넣습니다.

c) 각 사과의 중앙에 반죽을 채우세요.

d) 화씨 350 도에서 30 분간 굽고 꼬치로 부드러워졌는지 확인합니다.

e) 냄비에 액체를 붓고 끓여서 시럽으로 만듭니다.

f) 사과에 시럽을 뿌리고 서빙하세요.

6. 구운 팔라펠

수율: 8

재료

- 15-19 온스 물기를 뺀 병아리콩 캔 가능

- 다진 작은 양파 1 개

- 잘게 썬 마늘 2 쪽

- 다진 신선한 파슬리 1 테이블스푼

- 다용도 밀가루 2 큰술

- 고수풀 1 티스푼

- 큐민 1 티스푼

- 베이킹파우더 1/2 티스푼 소금과 후추

- 올리브 오일 2 큰술

지도:

a)   오븐을 화씨 350 도까지 예열하세요.

b)   푸드 프로세서에 모든 재료를 섞어 걸쭉한 페이스트 같은 농도를 만듭니다.

c)   탁구 크기의 공으로 굴린 후 기름을 두른 베이킹 접시에 넣습니다.

d)   15~20 분간 굽다가 중간에 뒤집어 줍니다.

7. 크랜베리와 칠리 미트볼

수율: 8

재료

- 1 팩(12 온스) 이탈리안 미트볼

- 16 온스 젤리 크랜베리 소스 수 있습니다

- 칠리소스 1/3 컵

- 디종 머스타드 1 테이블스푼

지도:

a) 슬로우쿠커에 크랜베리 소스, 칠리 소스, 디종 머스타드를 넣고 데워주세요.

b) 미트볼을 소스에 섞어서 코팅합니다.

c) 높은 온도에서는 3~4 시간, 낮은 온도에서는 5~6 시간 동안 조리하세요. 제공하다.

8. 엔칠라다

수율: 4

재료

- 깍둑썰기하여 조리한 칠면조 $1\frac{1}{2}$ 컵

- 다진 파 $\frac{1}{4}$ 컵

- 잘게 썬 잭 치즈 1 컵

- 4 온스 말린 녹색 고추

- 사워 크림 또는 플레인 요구르트 $\frac{1}{2}$ 컵

- 기름 2 테이블스푼

- 다진 양파 $\frac{1}{2}$ 컵

- 다진 마늘 1 쪽

- 고추가루 2 티스푼

- $\frac{2}{3}$ 컵 토마토 소스

- 닭고기 국물 $\frac{1}{2}$ 컵

- 커민 1 티스푼

- 원하는 경우 소금 $\frac{1}{4}$ 티스푼

- 옥수수 토르티야 8 개

- 기름, 여분의 치즈

- 장식용 아보카도

지도

a) 오븐을 375°F 로 예열하세요.

b) 칠면조, 파, 치즈, 고추, 사워 크림 또는 요구르트를 믹싱 접시에 함께 넣고 따로 보관합니다.

c) 프라이팬이나 소스 팬에 기름을 두르고 양파가 거의 부드러워질 때까지 볶습니다. 마늘을 넣고 잘 섞는다. 요리 1 분

d) 칠리 파우더, 토마토 소스, 국물, 커민, 소금을 추가합니다. 가끔 저어주면서 끓입니다. 열에서 팬을 제거하십시오.

e) 토르티야를 바삭바삭하지 않고 부드러워질 때까지 기름에 볶습니다.

f) 각 또띠아에 충전재를 얇게 바르고 말아주세요.

g) 베이킹 접시에 솔기가 아래로 향하도록 놓습니다. 남은 또띠아를 계속 사용하세요.

h) 남은 소스를 위에 바르고 추가 치즈를 얹습니다.

i) 10-15 분 동안 굽습니다.

j) 아보카도를 장식으로 곁들여 보세요.

9. 허니 발사믹 미트볼

수율: 6

재료

- 1 팩(22 온스) 이탈리안 미트볼

- 발사믹 식초 1/2 컵

- 케첩 3/4 컵

- 흑설탕 1/2 컵

- 꿀 1/4 컵

- 우스터소스 1 테이블스푼

- 디종 머스타드 1 테이블스푼

- 마늘가루 1/4 티스푼

- 소금과 후추 맛

지도:

a) 큰 냄비에 발사믹 식초, 케첩, 황설탕, 꿀, 우스터 소스, 디종 머스타드, 마늘 가루, 소금, 후추를 넣고 중간 불로 가열합니다. 가끔 저어주면서 끓입니다.

b) 약한 불에서 **45** 분 동안 끓이거나 소스가 걸쭉해지고 식초 맛이 사라질 때까지 끓입니다.

c) 그동안 포장 방향에 따라 미트볼을 준비하세요.

d) 익힌 미트볼을 소스에 가볍게 섞어서 코팅합니다.

e) 바로 이쑤시개와 함께 드세요.

10. 구운 스쿼시 씨앗

산출량: 1 1/2 컵

재료

- 과육이 들어간 도토리 스쿼시 씨앗 2 컵

- 엑스트라 버진 올리브 오일 1 테이블스푼

- 굵은소금 1/2 티스푼

지도:

a) 오븐을 화씨 300 도까지 예열하세요.

b) 모든 재료를 큰 믹싱볼에 넣고 양피지를 깐 베이킹 시트에 한 겹으로 펴 바릅니다.

c) 씨앗이 바삭해지고 과육이 캐러멜화될 때까지 15 분마다 저으면서 50~60 분 동안 굽습니다.

d) 완전히 식힌 후 서빙하세요.

11. 감자 시금치 공

수율: 24

재료

- 10 온스 다진 시금치
- 남은 으깬 감자 3 컵
- 계란 2 개
- 육두구 1/4 티스푼
- 카이엔 고추 1/4 티스푼
- 갈은 고추 잭 치즈 1 컵
- 다용도 밀가루 1/2 컵
- 소금과 후추 맛

지도:

a) 오븐을 450°F 로 예열하세요.

b) 감자, 시금치, 계란을 중간 크기 믹싱볼에 넣고 부드러워질 때까지 섞습니다. 육두구와 카이엔 고추로 맛을 냅니다.

c) 치즈와 밀가루 4 테이블스푼을 넣습니다. 밀가루가 모두 섞일 때까지 저어주세요.

d) 남은 밀가루를 접시에 펴고 소금과 후추로 간을 합니다.

e) 시금치 혼합물로 1 인치 크기의 공을 만듭니다.

f) 볼에 밀가루를 바르고 준비된 베이킹 시트에 올려 놓습니다.

g) 트레이를 냉장고에 20 분간 넣어두세요.

h) 볼을 냉장고에서 꺼내 쿠킹 스프레이로 살짝 코팅해 주세요.

i) 12~14 분간 굽거나 황금빛 갈색이 되고 단단해질 때까지 굽습니다.

j) 그대로 제공하거나 레몬즙을 뿌려서 제공합니다.

12. 설탕과 향신료 견과류

산출량: 3 컵

재료

- 캐슈넛 1 컵

- 피칸 반쪽 1 컵

- 건조 볶은 땅콩 1 컵

- 달걀 흰자 1 개, 살짝 풀어서 준비

- 포장된 연갈색 설탕 1/4 컵

- 계피 가루 1/2 티스푼

- 갈은 고추 1/4 티스푼

- 말린 크랜베리 1/2 컵

지도:

a) 오븐을 325°F 로 예열하세요.

b) 쿠킹 스프레이를 사용하여 테두리가 있는 베이킹 시트를 코팅합니다.

c) 캐슈, 피칸, 땅콩을 큰 믹싱볼에 넣고 섞습니다. 달걀 흰자를 넣어 견과류를 고르게 코팅합니다.

d) 너트 혼합물에 설탕, 계피, 갈은 고추를 첨가합니다. 모든 견과류가 고르게 코팅될 때까지 저은 다음 베이킹 시트에 한 층으로 펼치세요.

e) 중간에 저으면서 18~20 분 동안 굽습니다. 식히십시오.

f) 말린 크랜베리를 견과류와 함께 버무린 후 바로 서빙하세요.

13. 베이컨 판휠 롤

수율: 12

재료

- 초승달 모양 롤 1 개(8 온스)
- 베이컨 비트 1/4 컵
- 얇게 썬 쪽파 2 개
- 뿌려먹을 파마산 치즈

지도:

a) 오븐을 375°F 로 예열하세요.

b) 반죽을 펴고 솔기를 함께 꼬집습니다.

c) 반죽 위에 베이컨 덩어리와 쪽파를 펴 바릅니다.

d) 1 인치 두께의 조각으로 말아서 자릅니다.

e) 기름칠한 베이킹 시트에 자른 면을 아래로 하여 놓습니다.

f) 9~11 분간 굽거나 윗부분이 황금빛 갈색이 될 때까지 굽습니다.

g) 오븐에서 베이킹 시트를 꺼내고 치즈를 얹습니다.

h) 즉시 봉사하십시오.

14. 비건 셀러리 샐러드 애피타이저

수율: 4

재료

- 얇게 썬 셀러리 줄기 1 컵
- 다진 피클 1 테이블스푼
- 비건 마요네즈 1 테이블스푼
- 블랙 올리브 $\frac{1}{4}$ 컵
- 케이퍼 1 테이블스푼
- 맛볼 검은 후추

지도:

a) 큰 믹싱볼에 모든 재료를 섞어 페이스트 같은 농도로 만듭니다.

b) 혼합물 1 테이블스푼을 크래커나 양상추 잎 위에 숟갈로 얹습니다.

c) 크래커에 올리브를 추가하거나 셀러리 샐러드 위에 양상추 잎을 감고 이쑤시개로 고정합니다.

d) 큰 접시에 담으세요.

15. 로마 치즈 감자칩

산출량: 8 인분

재료

- 감자칩 1 개(8 온스)
- 잘게 다진 페코리노 1 1/2 컵
- 갈은 후추 1 테이블스푼

지도:

a) 오븐을 화씨 425 도까지 예열하세요.

b) 테두리가 있는 베이킹 시트에 감자칩을 한 겹으로 배열합니다.

c) 칩 위에 치즈의 절반을 고르게 뿌립니다.

d) 4 분 동안 굽거나 치즈가 녹고 칩이 가장자리 주변에 색을 입힐 때까지 굽습니다.

e) 오븐에서 꺼내 남은 치즈와 후추를 위에 올려주세요.

f) 서빙 그릇에 옮기기 전에 식혀 두세요.

16. 스파클링 크랜베리와 브리 바이트

수확량: 16 바이트

재료

- 씻어낸 신선한 크랜베리 2 컵

- 좋은 메이플 시럽 1 컵

- 굵은 설탕 1 컵

- 워터 크래커 16 개

- 브리 치즈 8 온스

- 크랜베리 렐리시 1/2 컵

- 장식용 신선한 민트

지도:

a) 작은 냄비에 시럽을 데우고 그 위에 크랜베리를 붓습니다.

b) 숟가락을 사용하여 부드럽게 휘저어 모든 베리를 코팅합니다. 식힌 후 뚜껑을 덮고 냉장고에 밤새 담가두세요.

c) 다음날 크랜베리를 소쿠리에 담아 물기를 뺍니다.

d) 크랜베리 절반을 설탕에 넣어 살짝 덮을 때까지 굴립니다. 남은 크랜베리로 반복하십시오.

e) 베이킹 시트에 놓고 한 시간 동안 건조시킵니다.

f) 크래커 위에 브리 치즈 한 조각, 크랜베리 처트니를 얇게 바르고 설탕을 입힌 크랜베리 4~5 개를 올려서 구성합니다.

g) 장식으로 신선한 민트 가지를 추가합니다.

17. 베이컨과 칠레를 곁들인 무화과

수율: 8

재료

- 얇게 썬 베이컨 5 온스

- 순수 메이플 시럽 3 테이블스푼

- 세로로 반으로 자른 잘 익은 신선한 무화과 8 개

- 셰리 식초 2 테이블스푼

- 으깬 고춧가루 1/2 티스푼

지도:

a) 달라붙지 않는 큰 프라이팬에서 베이컨 덩어리가 갈색이 되고 바삭해질 때까지 약 8~10 분 동안 조리합니다. 따로.

b) 같은 프라이팬에 메이플 시럽을 넣고 중간 불로 가열합니다.

c) 프라이팬에 무화과를 한 겹으로 놓고 면을 아래로 자릅니다.

d) 무화과가 어느 정도 부드러워지고 캐러멜화될 때까지 규칙적으로 뒤집으면서 약 5 분간 조리합니다.

e) 자른 무화과의 면이 위로 오도록 접시에 놓고 각 무화과의 표면에 베이컨 조각을 누릅니다.

f) 베이컨, 후추 플레이크, 식초를 넣고 잘 섞이도록 저어줍니다.

g) 약한 불로 낮추고 계속 저으면서 약 1 분간 조리합니다.

18. 으깬 감자 볼 튀김

수율: 5

재료

- 남은 으깬 감자 3 컵

- 베이컨 3 장을 익히고 잘게 썬 것

- 잘게 썬 체다 치즈 2/3 컵

- 얇게 썬 부추 2 큰술

- 마늘가루 1/2 작은술

- 코셔 소금

- 갓 갈은 후추

- 계란 2 개, 풀어서 준비

- 1 1/3 다. 판코 빵가루

- 식물성 기름, 튀김용

지도:

a) 으깬 감자에 익힌 베이컨, 체다치즈, 쪽파, 마늘 가루를 넣고 큰 믹싱볼에 넣고 소금과 후추로 간을 합니다.

b) 모든 재료가 섞일 때까지 저어줍니다.

c) 계란과 판코를 작은 그릇에 분리합니다.

d) 1 인치에서 2 인치 크기의 으깬 감자 혼합물을 떠서 손으로 반죽을 공 모양으로 굴린 다음 계란과 판코를 뿌립니다.

e) 큰 주철 프라이팬에 사탕 온도계가 375°를 가리킬 때까지 3 인치의 기름을 가열합니다.

f) 감자볼의 모든 면이 황금빛 갈색이 될 때까지 약 2~3 분간 볶습니다.

g) 종이 타월을 깐 접시에 물기를 빼고 추가 소금으로 간을 합니다.

19. 고구마 바이트

수확량: 6--8

재료

- 껍질을 벗기고 얇게 썬 고구마 4 개

- 녹인 버터 2 큰술

- 메이플 시럽 1 티스푼

- 코셔 소금

- 마시멜로 1 봉지(10 온스)

- 1/2c. 피칸 반쪽

지도:

a) 오븐을 화씨 400 도까지 예열하세요.

b) 녹인 버터와 메이플 시럽을 곁들인 고구마를 큰 베이킹 시트에 넣고 고르게 배열합니다. 소금과 후추로 간을 맞춘다.

c) 부드러워질 때까지 약 20 분간 굽고 중간에 뒤집어 줍니다. 제거하다.

d) 각 고구마에 마시멜로를 얹고 5 분 동안 굽습니다.

e) 각 마시멜로 위에 피칸 반을 얹어 즉시 제공하십시오.

20. 텍스멕스 치즈 콘브레드

수율: 8

재료

- 녹인 버터 1/2 컵

- 1c. 버터밀크

- 1/4c. 꿀

- 큰 계란 2 개

- 1c. 만능 밀가루

- 1c. 노란 옥수수 가루

- 베이킹파우더 2 1/2 티스푼

- 코셔 소금 1/4 티스푼

- 6 온스 페퍼 잭 치즈, 큐브

- 갓 다진 쪽파(장식용)

지도:

a) 10 인치 또는 12 인치 오븐용 프라이팬에 버터를 바르고 오븐을 375°로 예열하세요.

b) 중간 크기의 믹싱볼에 버터밀크, 녹인 버터, 꿀, 달걀을 넣고 섞습니다.

c) 큰 믹싱 접시에 밀가루, 옥수수 가루, 베이킹 파우더, 소금을 섞습니다. 젖은 재료를 마른 재료 위에 붓고 모든 것이 잘 섞일 때까지 휘젓습니다.

d) 예열된 프라이팬에 콘브레드 반죽의 절반을 펴 바르고 그 위에 페퍼잭 치즈를 고르게 뿌립니다.

e) 남은 반죽을 치즈 위에 붓고 고르게 펴줍니다.

f) 25~30 분간 굽거나 노릇노릇해질 때까지 굽고 완전히 익습니다.

g) 프라이팬에 5 분간 식힌 후 부추로 장식하고 사각형으로 자릅니다.

21. 치즈 토르텔리니 꼬치

수율: 8

재료

- 1 팩(12 온스) 치즈 토르텔리니

- 방울토마토 1 컵

- 신선한 모짜렐라 볼 1 컵

- 얇게 썬 1/4 파운드 살라미

- 신선한 바질 잎 1/4 컵

- 대시 발사믹 글레이즈

- 나무꼬치 8 개

지도:

a) 큰 냄비에 물을 넣고 끓인 후 포장에 적힌 설명에 따라 토르텔리니를 요리하세요.

b) 익힌 토르텔리니를 소쿠리에 넣고 실온이 될 때까지 찬물을 부어주세요.

c) 각 항목을 꼬치에 꽂고 꼬치 바닥까지 밀어 넣습니다.

d) 서빙 직전에 꼬치를 접시에 담고 발사믹 글레이즈를 뿌립니다.

22. 토스카나 스타일 미트볼 플랫브레드

수율: 4

재료

- 1 팩(16 온스) 송아지 미트볼

- 장인이 만든 플랫브레드 크러스트 4 개

- 다진 마늘 4 쪽

- 얇게 썬 적양파 1 컵

- 마리나라 소스 2 컵

- 올리브 오일 1 테이블스푼

- 건조 이탈리안 시즈닝 1 티스푼

- 10 온스 얇게 썬 신선한 모짜렐라 통나무

- 4 온스 전유 리코타 치즈

- 얇게 썬 신선한 바질 4 테이블스푼

지도:

a) 오븐을 화씨 **425** 도까지 예열하세요.

b) 포장 방향에 따라 미트볼을 조리한 후 따로 보관해 두세요.

c) 큰 소테 팬에 올리브 오일을 넣고 중간 불로 가열한 다음 적양파와 마늘을 넣고 가끔 저어주며 투명하고 향이 날 때까지 **4~5** 분간 조리합니다.

d) 양피지를 간 쿠키 시트에 플랫브레드를 준비합니다.

e) 각 플랫브레드 반죽에 마리나라 소스 **1/2** 컵을 고르게 펴 바르고 건조 이탈리안 스파이스로 양념하세요.

f) 각 플랫브레드에 모짜렐라 슬라이스 **5-6** 개를 놓습니다.

g) 익힌 미트볼을 둥글게 자르고 각 플랫브레드에 균등하게 분배합니다. 미트볼 사이에 붉은 양파와 마늘을 나눕니다.

h) 플랫브레드를 **8** 분 동안 굽습니다. 오븐에서 플랫 브레드를 꺼내고 리코타 치즈 **4** 테이블스푼을 각 위에 뿌린 다음 오븐에 다시 넣고 **2** 분 동안 리코타를 따뜻하게 합니다.

i) 오븐에서 플랫브레드를 꺼내고 신선한 바질로 덮은 후 **2** 분간 방치해 식힙니다.

j) 바로 잘라서 서빙하세요.

23. 구운 라비올리 바이트

수율: 4

재료

- 1 팩(24 온스) 라운드 치즈 라비올리
- 다용도 밀가루 1 컵
- 계란 2 개
- 2% 우유 1 티스푼
- 양념한 빵가루 2 컵
- 요리 용 스프레이
- 장식용 신선한 파마산 치즈
- 옵션 제공 소스: 마리나라, 랜치, 피자 소스, 페스토, 보드카 소스

지도:

a) 오븐을 화씨 450 도까지 예열하세요.

b) 포장 방향에 따라 라비올리를 요리하세요.

c) 와이어 랙에 쿠킹 스프레이를 바르고 베이킹 시트 위에 놓습니다.

d) 작은 믹싱볼에 밀가루, 계란, 우유를 섞습니다. 별도의 작은 믹싱볼에 빵가루를 섞습니다.

e) 각 라비올리에 밀가루를 묻혀서 여분의 밀가루를 털어냅니다. 그 후 밀가루를 뿌린 라비올리를 풀어놓은 계란 혼합물에 코팅하세요.

f) 마지막으로 라비올리를 빵가루에 굴립니다. 와이어 랙에 놓기 전에 빵가루를 입힌 라비올리의 양면에 쿠킹 스프레이를 뿌립니다.

g) 빵가루를 입힌 라비올리를 **20-25** 분 동안 굽거나 황금빛 갈색이 되고 바삭해질 때까지 굽습니다.

h) 오븐에서 꺼내서 바로 서빙하세요.

24. 마늘 토스트 미트볼 슬라이더

수율: 8

재료

- 1 팩(26 온스) 이탈리안 미트볼

- 마리나라 소스 1 병

- 냉동 텍사스 토스트 1 팩

- 얇게 썬 모짜렐라 치즈 1 팩

- 신선한 바질 잎 8 개 - 다진 것

지도:

a) 오븐을 화씨 400 도까지 예열하세요.

b) 베이킹 시트에서 텍사스 토스트 조각을 4 분 동안 굽습니다.

c) 오븐에서 반쯤 구운 토스트를 꺼내고 각 슬라이스에 마리나라 소스
   2 테이블스푼을 바르고 미트볼 6 개와 모짜렐라 치즈 한 조각을 얹습니다. 꼬치를
   이용해서 제자리에 고정해주세요.

d) 6 분간 더 굽습니다.

e) 각 조각을 반으로 자르고 바질 잎을 뿌립니다.

f) 즉시 봉사하십시오.

25. 담요 속의 치즈 목장 돼지

수율: 16

재료:

- 초승달 모양의 반죽 캔 1 개(8 온스)

- 스모키 소시지 16 개

- 4 등분으로 자른 순한 체다 치즈 8 조각

- 녹인 소금 버터 4 테이블스푼

- 마른 랜치 시즈닝 믹스 2 티스푼

- 갈은 파마산 치즈 3 테이블스푼

지도:

a) 오븐을 화씨 **400** 도까지 예열하세요.

b) 양피지를 사용하여 큰 베이킹 시트를 깔아주세요.

c) 초승달 모양의 롤 반죽 삼각형을 밀방망이로 분리하세요.

d) **16** 개의 작은 삼각형을 만들려면 각 삼각형을 반으로 자릅니다.

e) 각 삼각형의 더 큰 끝 부분부터 시작하여 소시지를 얹은 작은 사각형의 치즈를 말아 올립니다. 베이킹 시트에 배열하십시오.

f) 작은 그릇에 버터와 랜치 시즈닝을 섞습니다. 초승달 반죽의 윗부분에 초승달 모양의 버터를 바르세요

g) 파마산 치즈를 뿌려 마무리합니다.

h) **14-16** 분 동안 굽거나 반죽이 황금빛 갈색이 되고 잘 익을 때까지 굽습니다. 즉시 봉사하십시오

26. 녹색 단백질 스낵 냄비

재료:

- 8 온스 에다마메 콩, 냉동.

- 8 온스 완두콩, 냉동.

- 참깨 4 큰술

- 간장(저나트륨) 4 큰술

- 취향에 따라 칠리 소스를 선택하세요.

- 고수, 선택사항.

지도:

a) 전자레인지용 그릇에 냉동 완두콩과 에다마메를 넣습니다. 물을 살짝 뿌린 뒤 전자레인지에 30 초 정도 돌려 실온에 맞춰 해동하세요.

b) 작은 용기, 냄비 또는 용기에 완두콩 및 콩과 함께 씨앗을 넣으십시오.

c) 먹기 전에 간장, 칠리, 고수를 섞으세요. 즐기다!

27. 퀴노아 머핀 바이트

재료:

- 준비된 퀴노아 1 1/2 컵.

- 계란 2 개, 풀어줍니다.

- 고구마 퓨레 1/2 컵.

- 검은콩 1/2 컵.

- 다진 고수 1 큰술

- 커민 1 티스푼

- 파프리카 1 티스푼

- 마늘가루 1/2 작은술

- 소금 1/2 티스푼

- 후추 1/8 티스푼

- 요리 용 스프레이.

지도:

a) 오븐을 350°F 로 예열합니다. 모든 재료를 큰 그릇에 넣고 모든 재료가 섞일 때까지 섞습니다.

b) 혼합물을 머핀 틀에 큰 스푼을 사용하여 숟가락으로 넣고 각 통의 윗부분을 가볍게 두드려줍니다. 완전히 익을 때까지 굽고 약 15-20 분 정도 함께 유지합니다.

28. 비건 단백질 바

재료:

- 아마란스 1/3 컵.

- 바닐라 또는 향이 첨가되지 않은 비건 단백질 파우더 3 큰술.

- 메이플 시럽 1 1/2-2 큰술.

- 벨벳 같은 소금에 절인 땅콩 또는 아몬드 버터 1 컵

- 다크 비건 초콜릿 2-3 큰술을 녹입니다.

지도:

a) 큰 냄비를 중간 정도 높은 불로 가열하여 아마란스를 터뜨립니다.

b) 땅콩 또는 아몬드 버터와 메이플 시럽을 중간 크기 믹싱볼에 넣고 잘 섞이도록 저어줍니다.

c) 단백질 파우더를 넣고 저어주세요.

d) 느슨한 "반죽" 질감이 될 때까지 팝핑된 아마란스를 한 번에 조금씩 추가하십시오. 너무 많이 넣지 않도록 주의하십시오. 그렇지 않으면 막대의 접착력이 떨어져 서로 달라붙지 않을 수 있습니다.

e) 혼합물을 베이킹 접시에 옮기고 눌러 균일한 층을 만듭니다. 그 위에 양피지나 플라스틱 랩을 깔고 액체 계량컵과 같은 바닥이 평평한 물건을 사용하여 혼합물을 눌러 균일하고 강하게 포장된 층에 넣습니다.

f) 냉동실로 옮겨 10~15 분 동안 또는 만질 때까지 보관하세요. 그런 다음 들어올려 9 개의 막대로 자릅니다. 그대로 즐기거나 녹인 다크 초콜릿을 살짝 뿌려보세요.

g) 실온에서는 약간 부드러워지므로 냉장고(약 5 일)나 냉동실에 보관하세요.

29. PB 와 J 에너지 바이트

재료:

- 1/2 컵 벨벳 같은 소금에 절인 땅콩 버터.

- 메이플 시럽 1/4 컵.

- 비건 단백질 파우더 2 큰술.

- 글루텐 프리 압착 귀리 1 1/4 컵.

- 아마씨 가루 2 1/2 큰술.

- 치아씨드 2 큰술.

- 말린 과일 1/4 컵.

지도:

a) 큰 믹싱볼에 땅콩버터, 메이플 시럽, 단백질 파우더, 압착 귀리, 아마씨 가루, 치아씨드, 원하는 말린 과일을 넣습니다. 너무 건조하거나 부서지기 쉬운 경우 땅콩 버터나 메이플 시럽을 더 첨가하세요.

b) 냉장고에 5 분간 넣어두세요. 1 1/2 테이블스푼 분량을 떠서 공 모양으로 만듭니다. "반죽"은 약 13-14 개의 공을 생성해야 합니다.

c) 즉시 맛있게 드시고 잘 밀봉된 남은 음식은 냉장고에 1 주일 동안 보관하거나 냉동실에 약 1 개월 동안 보관하세요.

30. 구운 당근 후무스

재료:

- 병아리콩 1 캔을 씻어서 물기를 뺍니다.

- 당근 3 개.

- 마늘 1 쪽.

- 파프리카 1 티스푼.

- 타히니 1 테이블스푼.

- 레몬 1 개의 즙.

- 추가 버진 올리브 오일 2 큰술.

- 물 6 큰술.

- 큐민 가루 1/2 티스푼.

- 맛볼 소금.

지도:

a) 오븐을 400°F 로 예열하세요. 당근을 씻어서 껍질을 벗기고 작은 조각으로 자른 후 베이킹 트레이에 올리고 올리브 오일 약간, 소금 한 꼬집, 파프리카 반 티스푼을 뿌립니다. 당근이 부드러워질 때까지 약 35 분간 굽습니다.

b) 오븐에서 꺼내서 식혀주세요.

c) 식히는 동안 후무스를 준비합니다. 병아리콩을 씻어서 물기를 잘 뺀 다음 나머지 활성 성분과 함께 식품 분쇄기에 넣고 잘 섞일 때까지 과정을 진행합니다. 그런 다음 당근과 마늘을 넣고 다시 과정을 진행하세요.

31. 퍼프 퀴노아 바

재료:

- 코코넛 오일 3 큰술

- 생 카카오 가루 1/2 컵.

- 메이플 시럽 1/3 컵.

- 타히니 1 큰술

- 계피 1 티스푼

- 바닐라 가루 1 티스푼

- 바다 소금.

지도:

a) 작은 팬을 중불로 가열하고 코코넛 오일, 생 카카오, 타히니, 계피, 메이플 씨, 시럽, 바닐라 소금을 함께 녹여 더 걸쭉한 초콜릿 혼합물이 될 때까지 기다립니다.

b) 터진 퀴노아 위에 초콜릿 소스를 넣고 잘 섞어주세요. 큰 스푼의 초콜릿 크리스피를 작은 베이킹 컵에 담으세요.

c) 냉동실에 최소 20 분 동안 넣어 굳혀주세요. 냉동실에 보관하고 맛있게 즐겨보세요

32. 껍질 완두콩 딥

재료:

- 얇게 썬 적양파 1/2 컵.

- 라임 1 개의 즙.

- 바다 소금.

- 소수의 고수.

- 잘게 썬 토마토(선택사항).

- 칠리 플레이크.

지도:

a) 양파를 믹서기에 몇 초 동안 갈아주세요. 그런 다음 나머지 활성 성분을 추가하고 완두콩이 큰 부분으로 섞일 때까지 펄스를 사용합니다.

b) 토스트에 스프레드로, 샌드위치로, 딥으로, 페스토 소스로 즐겨보세요!

33. 말차 캐슈넛 컵

재료:

- 카카오 버터 2/3 컵.

- 카카오파우더 3/4 컵.

- 메이플 시럽 1/3 컵.

- 캐슈 버터 1/2 컵 또는 원하는 것

- 말차 가루 2 티스푼.

- 바다 소금.

지도:

a) 작은 팬에 물 1/3 컵을 채우고 그 위에 그릇을 올려 팬을 덮습니다. 그릇이 뜨거워지고 아래 물이 끓으면 그릇 안에 카카오 버터를 녹인 후 불을 켜고. 녹으면 불을 끄고 메이플 시럽과 카카오 가루를 넣어 초콜릿이 걸쭉해질 띠끼지 몇 분 동안 저어주세요.

b) 중간 크기의 컵케이크 홀더를 사용하여 바닥 층에 초콜릿 혼합물을 넉넉히 스푼으로 채웁니다. 컵케이크 홀더를 모두 채웠으면 냉동실에 15 분 동안 넣어 굳혀주세요.

c) 냉동 초콜릿을 냉동실에서 꺼내어 1 테이블스푼 크기의 말차/캐슈 버터 반죽을 냉동 초콜릿 층 위에 올려주세요. 이 작업이 완료되자마자 남은 녹은 초콜릿을 각 덩어리 위에 부어서 덮도록 하세요. 바다 소금을 뿌리고 냉동실에 15 분 동안 넣어두세요.

34. 병아리콩 초코 슬라이스

재료:

- 병아리콩 400g 을 헹구고 물기를 뺍니다.

- 아몬드 버터 250g.

- 메이플 시럽 70ml.

- 바닐라 페이스트 15ml.

- 소금 1 꼬집.

- 베이킹 파우더 2g.

- 베이킹 소다 2g.

- 비건 초콜릿 칩 40g.

지도:

a) 오븐을 180°C/350°F 로 예열하세요

b) 큰 베이킹 팬에 코코넛 오일을 바르세요.

c) 병아리콩, 아몬드 버터, 메이플 시럽, 바닐라, 소금, 베이킹 파우더, 베이킹 소다를 식품 믹서기에 넣고 섞습니다.

d) 부드러워질 때까지 섞으세요. 초콜렛 칩의 절반을 저어 반죽을 준비된 베이킹 팬에 펴 바릅니다.

e) 예약된 초콜릿 칩을 뿌린다.

f) 45-50 분 동안 굽거나 삽입된 이쑤시개가 깨끗해질 때까지 굽습니다.

g) 와이어 랙에서 20 분간 식혀줍니다. 슬라이스하여 서빙하세요.

35. 바나나 바

재료:

- 부드러운 땅콩 버터 130g.

- 메이플 시럽 60ml.

- 으깬 바나나 1 개.

- 물 45ml.

- 아마씨 가루 15g.

- 조리된 퀴노아 95g.

- 치아씨드 25g.

- 바닐라 5ml.

- 빠른 요리 귀리 90g.

- 통밀가루 55g.

- 베이킹 파우더 5g.

- 계피 5g.

- 소금 1 꼬집.

토핑:

- 녹인 코코넛 오일 5ml.

- 잘게 썬 비건 초콜릿 30g.

지도:

a) 오븐을 180°C/350°F 로 예열하세요.

b) **16cm** 베이킹 접시에 양피지를 깔아주세요.

c) 작은 그릇에 아마씨와 물을 섞습니다. **10** 분 정도 따로 둡니다.

d) 별도의 그릇에 땅콩 버터, 메이플 시럽, 바나나를 섞습니다. 아마씨 혼합물을 접습니다.

e) 혼합물이 부드러워지면 퀴노아, 치아씨드, 바닐라 추출물, 귀리, 통밀가루, 베이킹 파우더, 계피, 소금을 넣고 저어주세요.

f) 반죽을 준비된 베이킹 접시에 붓습니다. **8** 개 막대로 자릅니다.

g) 바를 **30** 분 동안 굽습니다.

h) 그동안 토핑을 만드세요. 내열성 그릇에 초콜릿과 코코넛 오일을 섞습니다. 녹을 때까지 끓는 물 위에 두십시오.

i) 오븐에서 바를 제거하세요. 와이어 랙에 **15** 분 동안 놓아 식힙니다. 베이킹 접시에서 바를 꺼내고 초콜릿 토핑을 뿌립니다. 제공하다.

36. 단백질 도넛

재료:

- 코코넛 가루 85g.

- 바닐라맛 발아현미 단백질분말 110g.

- 아몬드 가루 25g.

- 메이플설탕 50g.

- 녹인 코코넛 오일 30ml.

- 베이킹 파우더 8g.

- 두유 115ml.

- 사과식초 1/2 티스푼

- 바닐라 페이스트 1/2 티스푼

- 계피 1/2 티스푼

- 유기농 사과소스 30ml.

추가의:

- 가루 코코넛 설탕 30g.

- 계피 10g.

지도:

a) 그릇에 모든 건조 재료를 섞습니다.

b) 별도의 그릇에 사과 소스, 코코넛 오일, 사이다 식초를 넣고 우유를 휘젓습니다.

c) 젖은 재료를 마른 재료에 넣고 잘 섞일 때까지 저어줍니다.

d) 오븐을 $180°C/350°F$ 로 예열하고 10 구 도넛 팬에 기름을 바릅니다.

e) 준비된 반죽을 기름칠된 도넛 팬에 숟가락으로 담습니다.

f) 도넛을 15-20 분 동안 굽습니다.

g) 도넛이 아직 따뜻할 때 코코넛 설탕과 계피를 뿌립니다. 따뜻하게 서빙하세요.

37. 쿠키아몬드볼

재료:

- 아몬드 가루 100g.

- 바닐라 맛 쌀 단백질 파우더 60g.

- 아몬드 버터 또는 견과류 버터 80g.

- 스테비아 10 방울.

- 코코넛 오일 15ml.

- 코코넛 크림 15g.

- 비건 초콜릿 칩 40g.

지도:

a) 큰 그릇에 아몬드 가루와 단백질 파우더를 섞습니다.

b) 아몬드 버터, 스테비아, 코코넛 오일, 코코넛 크림을 넣고 섞으세요.

c) 혼합물이 너무 부서지기 쉬운 경우 물을 조금 첨가하십시오. 다진 초콜릿을 넣고 섞일 때까지 저어줍니다.

d) 혼합물을 16 개의 공으로 만듭니다.

e) 공을 아몬드 가루에 추가로 굴릴 수 있습니다.

38. 꿀참깨두부

재료:

- 12 온스의 매우 단단한 두부, 물기를 제거하고 가볍게 두드려 건조시킵니다.

- 기름이나 쿠킹 스프레이.

- 나트륨 저감 간장 또는 타마리 2 테이블스푼.

- 다진 마늘 3 쪽.

- 꿀 1 큰술.

- 갈아서 껍질을 벗긴 신선한 생강 1 큰술.

- 구운 참기름 1 작은술.

- 손질된 녹두 1 파운드.

- 올리브 오일 2 큰술.

- 고춧가루 1/4 티스푼 (선택사항).

- 코셔 소금.

- 새로 갈은 후추.

- 중간 크기 파 1 개, 아주 잘게 썬 것

- 참깨 1/4 작은술.

지도:

a) **10~30** 분 동안 따로 놓아두세요. 큰 그릇에 간장이나 타마리, 마늘, 꿀, 생강, 참기름을 함께 넣고 섞습니다. 따로.

b) 두부를 삼각형으로 자르고 준비된 과자 굽는 판의 한쪽에 단일 층으로 놓습니다. 간장 혼합물을 뿌립니다. 바닥이 황금빛 갈색이 될 때까지 **12~13** 분간 굽습니다.

c) 두부를 뒤집으세요. 베이킹 시트의 나머지 절반에 녹색 콩을 단일 층으로 놓습니다. 올리브 오일을 뿌리고 고춧가루를 뿌립니다. 소금과 후추로 간을 맞춘다.

d) 다시 오븐에 넣고 두부의 두 번째 면이 황금빛 갈색이 될 때까지 **10~12** 분 더 굽습니다. 쪽파와 통깨를 뿌리고 바로 드세요.

39. 매콤한 고추장아찌

재료

- 화이트 와인 식초 4 컵

- 꿀 2 테이블스푼

- 주니퍼베리 1 티스푼

- 통 정향 1 티스푼

- 검은 후추 열매 2 작은술

- 말린 월계수 잎 2 개

- 3/4 파운드 프레즈노 고추(붉은 할라피뇨 고추), 헹구고 줄기는 남겨두었습니다.

지도

a) 중간 크기의 냄비에 식초, 꿀, 주니퍼베리, 정향, 통후추, 월계수 잎을 넣고 센 불로 끓입니다. 불을 줄이고 소금물을 10 분 동안 끓여서 풍미를 녹입니다. 고추를 추가하고 불을 세게 올려 염수를 다시 끓입니다. 불을 줄이고 고추가 약간 부드러워질 때까지 모양을 유지할 때까지 4~6 분간 끓입니다.

b) 불을 끄고 고추를 소금물에 담가 식혀주세요. 고추를 사용하거나 소금물과 함께 밀폐 용기에 담아 최대 몇 주 동안 냉장 보관하세요.

40. 스쿠올라 디 피자

지도

a) 만들고 싶은 피자를 선택하고 필요한 재료를 모두 준비하세요.

b) 오븐에서 오븐 선반을 제거하고 피자 스톤을 오븐 바닥에 놓습니다. 피자 스톤은 열을 고르게 흡수하고 분산시켜 바삭바삭한 크러스트를 만드는 데 도움이 됩니다. 극심한 열에도 깨지지 않는 고품질의 돌을 구입하세요. 위기 상황에서는 두꺼운 베이킹 시트의 밑면을 사용하세요.

c) 오븐과 돌을 500°F(또는 오븐의 온도만큼 뜨겁게)로 최소 1시간 동안 예열하세요.

d) 올리브 오일, 코셔 소금, 선택한 피자를 만드는 데 필요한 재료가 담긴 그릇이 포함된 피자 스테이션을 만드세요.

e) 조리대 먼지를 털어낼 밀가루 한 그릇을 준비하세요.

f) 피자 껍질의 먼지를 털어낼 세몰리나 한 그릇, 피자를 오븐 안팎으로 밀어 넣을 수 있는 긴 손잡이와 크고 평평한 금속 또는 목재 표면이 있는 도구를 준비하세요.

g) 반죽이 준비되면 작업대에 밀가루를 넉넉히 바르고 밀가루를 뿌린 표면 중앙에 반죽을 한 바퀴 놓습니다. 반죽에 밀가루를 살짝 뿌립니다.

h) 피아노 건반을 두드리는 것처럼 손가락 끝을 사용하여 반죽의 중앙을 가볍게 두드려서 약간 평평하게 만들고 1인치 테두리는 그대로 둡니다.

i) 반죽을 집어 들고 양 주먹을 둥글게 뭉친 다음 주먹이 몸을 향하도록 하여 반죽의 위쪽 가장자리를 주먹 위에 올려 놓고 둥근 부분이 손등에서 멀어지도록 아래쪽으로 늘어납니다.

j) 시계 바늘처럼 주먹 주위로 반죽 원을 움직여 반죽이 계속 아래쪽으로 원 모양으로 늘어납니다.

k) 반죽이 직경 약 **10** 인치로 늘어나면 밀가루를 뿌린 표면 위에 놓습니다.

l) 반죽 가장자리에 올리브 오일을 바르고 반죽 표면에 코셔 소금을 뿌립니다.

m) 가장자리 주위에 소스나 토핑 없이 **1** 인치 테두리만 남기고 피자에 옷을 입힙니다.

n) 피자 껍질에 양질의 거친 밀가루를 뿌리고 한 번 강하게 밀어서 피자 껍질을 피자 아래로 밀어 넣으세요. 시험적으로 여러 번 밀어내는 것보다 껍질을 한 번 잘 밀어서 반죽을 찢거나 변형시킬 가능성이 적습니다. 피자의 모양이 사라졌다면 껍질을 벗겨서 모양을 바꿔보세요. 껍질을 살짝 흔들어 반죽이 오븐에서 쉽게 풀릴지 확인하세요. 껍질이 달라붙으면 반죽의 한쪽 면을 조심스럽게 들어 올리고 그 아래에 양질의 거친 밀가루를 더 넣으세요. 전체 빵 껍질 아래에 양질의 거친 밀가루가 생길 때까지 몇 가지 다른 각도에서 이 작업을 수행합니다.

o) 오븐 문을 열고 예열된 피자스톤 위에 반죽을 밀어 넣으세요. 다시 단호하게 움직이면서 껍질을 몸쪽으로 당겨 피자를 돌 위에 남겨 둡니다.

p) 피자가 황금빛 갈색이 되고 처마 장식 또는 테두리가 바삭바삭하고 물집이 생길 때까지 **8~12** 분 동안 굽습니다. 조리 시간은 오븐의 성능에 따라 다릅니다.

q) 피자가 오븐에 있는 동안 깨끗하고 마른 도마 위에 공간을 비우거나 조리대 위에 알루미늄 피지를 둥글게 올려 구운 피자를 올려주세요.

r) 피자가 완성되면 껍질을 크러스트 아래로 밀어 넣고 오븐에서 꺼내 도마 위에 놓거나 둥글게 놓습니다.

s) 롤링 피자 커터를 사용하여 피자를 자릅니다. 우리는 피자가게에서 피자를 **4** 조각으로 자르지만, 파티에서는 손님이 뜨거울 때 피자 한 조각을 받을 수 있도록 웨지 **6~8** 조각으로 자르는 경우가 많습니다.

41. 페페로나타와 오레가노를 곁들인 부리코타

피자 1 개를 만든다

재료

- 피자 반죽 1 개

- 엑스트라 버진 올리브 오일 1 테이블스푼

- 코셔 소금

- 페페로나타 1 컵

- 4 등분으로 자른 부리코타 4 온스 또는 신선한 리코타

- 신선한 오레가노 잎 1 티스푼

- 엑스트라 버진 올리브 오일

- 바다 소금 1 테이블스푼

지도

a) 반죽을 준비하고 늘린 다음 오븐을 예열하세요.

b) 반죽 가장자리에 올리브 오일을 바르고 표면 전체에 소금으로 간을 해주세요. 페페로나타를 피자 위에 펴 바르고 토핑 없이 1 인치 테두리만 남겨둡니다. 리코타 치즈를 사용하는 경우 그릇에 넣고 잘 저어주세요.

c) 부리코타 한 조각을 놓거나 피자의 각 사분면에 리코타를 숟가락으로 넣습니다. 피자를 오븐에 넣고 크러스트가 황금빛 갈색이 되고 바삭바삭해질 때까지 8~12 분간 굽습니다. 오븐에서 피자를 꺼내서 치즈가 잘리지 않도록 주의하면서 4 등분으로 자릅니다.

d) 오레가노 잎을 피자 위에 뿌리고 치즈 위에 마무리 품질의 올리브 오일을 뿌린 다음 바다 소금을 뿌려 서빙하세요.

42. 감자, 계란, 베이컨

재료

- 작은 유콘 골드 감자 3 온스(감자 약 1 1/2 개)

- 피자 반죽 1 개

- 엑스트라 버진 올리브 오일 1 테이블스푼

- 코셔 소금

- 1/2 인치 큐브로 자른 저수분 모짜렐라 2 온스

- 잘게 썬 소토세네레 알 타르투포 3 온스

- 1 온스 폰티나, 1/2 인치 큐브로 자른 것

- 얇게 썬 쪽파 4 개

- 두꺼운 사과우드 훈제 베이컨 2 장

- 신선한 백리향 잎 1 1/2 티스푼

- 농장에서 갓 나온 특대형 계란 1 개

- 색다른 바다 소금

지도

a) 포크로 쉽게 뚫릴 때까지 감자를 약 20 분간 쪄주세요. 감자를 꺼내서 만질 수 있을 정도로 식을 때까지 따로 보관해 두세요. 작고 날카로운 칼을 사용하여 감자 껍질을 제거하고 껍질을 버립니다.

b) 감자를 1/4 인치 두께의 둥글게 썰어 작은 그릇에 담습니다. 감자를 사용하거나 실온으로 식힌 후 밀폐 용기에 옮겨 냉장 보관하면 최대 2 일 동안 보관할 수 있습니다.

c) 반죽을 준비하고 늘린 다음 오븐을 예열하세요.

d) 반죽 가장자리에 올리브 오일을 바르고 표면 전체에 소금으로 간을 해주세요. 모짜렐라, 소토세네레, 폰티나 큐브를 피자 표면에 흩뿌립니다.

e) 치즈 위에 쪽파 조각을 뿌리고, 쪽파 위에 감자 조각을 놓고, 감자 조각에 소금을 뿌립니다. 베이컨 조각을 십자형으로 반으로 자르고 피자의 각 사분면에 반을 놓습니다. 백리향 잎 1 티스푼을 피자 위에 뿌리고 피자를 오븐에 5 분간 넣거나 피자가 반쯤 익을 때까지 굽습니다. 달걀을 작은 그릇에 깨뜨린 후 오븐에서 피자를 꺼내고 달걀을 피자 중앙에 밀어 넣습니다. 크러스트가 황금빛 갈색이 될 때까지 피자를 오븐에 넣고 5~7 분간 굽습니다. 오븐에서 피자를 꺼내서 4 등분으로 자르고, 달걀 가장자리에 멈춰서 피자가 그대로 유지되도록 하고, 피자 조각마다 베이컨 조각이 들어가는지 확인하세요.

f) 계란에 바다 소금을 뿌리고 남은 백리향 잎을 피자 위에 뿌려 서빙하세요.

43. 아티초크, 레몬, 올리브를 곁들인 스트라키노

재료

아티초크의 경우

- 레몬 1 개

- 4 온스 분량의 아기 아티초크(2~3 개)

- 엑스트라 버진 올리브 오일 1 테이블스푼

- 얇게 썬 신선한 이탈리안 파슬리 잎 1 테이블스푼

- 잘게 썬 큰 마늘 1 쪽

피자를 위해

- 피자 반죽 1 개

- 엑스트라 버진 올리브 오일 1 테이블스푼

- 코셔 소금

- 작은 덩어리로 찢어진 스트라키노 2 온스

- 1/2 온스 저수분 모짜렐라, 1/2 인치 큐브로 자른 것

- 씨를 제거한 Taggiasche 또는 Niçoise 올리브 1 온스

- 얇게 썬 신선한 이탈리안 파슬리 잎 1 티스푼

- 레몬 1 개

- 그레이팅용 파르미지아노-레지아노 웨지

- 느슨하게 포장된 루콜라 1/2 컵(야생 루콜라 선호)

지도

a) 아티초크를 준비하려면 큰 그릇에 물을 채우세요. 레몬을 반으로 자르고 즙을 물에 짜낸 후 레몬 반쪽을 물에 떨어뜨립니다.

b) 연한 녹색 중앙만 남을 때까지 아티초크의 바깥쪽 잎을 제거합니다. 딱딱한 줄기 끝을 잘라내고 1~2 인치 정도만 남겨 둡니다. 야채 껍질 벗기는 도구나 작고 날카로운 칼을 사용하여 아티초크 줄기를 깎아 연한 녹색 줄기가 드러나도록 합니다. 잎 끝 부분을 1/2 인치에서 3/4 인치 정도 잘라서 윗부분이 편평하게 되도록 하고, 다음은 잎과 조각을 모두 버립니다.

c) 밑부분 위로 잘라서 잎을 모두 떼어낸 후, 잎을 풀어서 산성수에 넣어 갈변을 방지합니다. 줄기를 얇게 썰어 산성수에 첨가합니다. 아티초크를 미리 준비하려면 산성수와 함께 밀폐 용기에 넣고 사용할 준비가 될 때까지 또는 최대 2 일 동안 냉장 보관하세요. 잎과 줄기의 물기를 빼냅니다. 그릇은 말리고 아티초크를 그릇에 다시 넣습니다. 올리브 오일, 파슬리, 마늘을 넣고 버무려서 아티초크에 양념을 입힙니다.

d) 피 자를 준비하려면 반죽을 준비하고 늘린 다음 오븐을 예열하세요.

e) 반죽 가장자리에 올리브 오일을 바르고 표면 전체에 소금으로 간을 해주세요. 아티초크 잎을 피자 표면에 뿌려서 덮고 토핑 없이 피자의 테두리를 1 인치 정도 남겨둡니다. 아티초크 잎 위에 스트라키노, 모짜렐라, 올리브를 뿌립니다. 피자를 오븐에 넣고 치즈가 녹고 크러스트가 황금빛 갈색이 되고 바삭바삭해질 때까지 8~12 분간 굽습니다. 오븐에서 피자를 꺼내서 4 등분으로 자릅니다.

f) 피자 위에 파슬리를 뿌리고 마이크로플레인이나 다른 고운 강판을 사용하여 표면에 레몬 껍질을 갈아주세요.

g) 피자 위에 파르미지아노-레지아노를 얇게 바르고 그 위에 루콜라를 뿌려 서빙하세요.

44. 폰티나, 모짜렐라, 세이지가 있는 비앙카

재료

- 엑스트라 버진 올리브 오일 1 테이블스푼, 세이지 잎 튀김용으로 더 추가

- 코셔 소금

- 전체 신선한 세이지 잎 1/4 컵, 잘게 썬 신선한 세이지 잎 1 티스푼

- 1 라운드 피자 반죽

- 부드러운 휘핑 크림 2 테이블스푼

- 잘게 썬 소토세네레 알 타르투포 3 1/2 온스

- 1 온스 폰티나, 1/2 인치 큐브로 자른 것

- 1/2 인치 큐브로 자른 저수분 모짜렐라 1 온스

지도

a) 작은 프라이팬이나 냄비에 올리브 오일을 1 인치 깊이로 붓고 작은 접시에 종이 타월을 깔아주세요. 소금 한 꼬집을 떨어뜨렸을 때 지글지글 끓을 때까지 기름을 중간 불로 가열합니다. 세이지 잎 전체를 넣고 바삭바삭하고 밝은 녹색이 될 때까지 약 30 초 동안 볶습니다.

b) 구멍이 있는 스푼을 사용하여 기름에서 세이지를 제거하고 종이 타월로 옮겨 물기를 뺀 다음 소금으로 간을 합니다.

c) 세이지가 들어간 기름을 미세한 메쉬 체에 걸러내고 나중에 세이지를 튀기거나 구운 고기나 야채 위에 뿌리기 위해 보관해 둡니다. 세이지는 최대 몇 시간 전에 미리 튀길 수 있습니다. 실온에서 밀폐용기에 담아 보관하세요.

d) 반죽을 준비하고 늘린 다음 오븐을 예열하세요.

e)   반죽 가장자리에 올리브 오일 1 테이블스푼을 바르고 표면 전체에 소금으로 간을
     해주세요. 크림을 반죽 중앙에 숟가락으로 얹고 숟가락 뒷면을 사용하여 반죽
     표면에 크림을 바르지 않고 1 인치 테두리만 남기고 펴 바릅니다.

f)   크림 위에 잘게 썬 세이지를 뿌리고 잘게 썬 소토세네레로 덮은 다음 폰티나와
     모짜렐라 큐브를 피자 위에 뿌립니다. 피자를 오븐에 넣고 치즈가 녹고 크러스트가
     황금빛 갈색이 되고 바삭바삭해질 때까지 **8~12** 분간 굽습니다.

g)   오븐에서 피자를 꺼내 접시 위에 조심스럽게 기울여 여분의 기름을 빼냅니다.
     기름을 버리십시오. 피자를 **4** 등분으로 자르고 튀긴 세이지 잎을 표면에 뿌려
     서빙합니다.

45. 피자 공

제공량: 10

재료:

- 잘게 다진 소시지 1 파운드

- 비스퀵 믹스 2 컵

- 다진 양파 1 개

- 다진 마늘 3 쪽

- 이탈리안 시즈닝 $\frac{1}{2}$ 티스푼

- 잘게 썬 모짜렐라 치즈 2 컵

- 피자 소스 1 $\frac{1}{2}$ 컵 - 나누어서 사용

- 파마산 치즈 $\frac{1}{4}$ 컵

지도:

a) 오븐을 화씨 400 도까지 예열하세요.

b) 베이킹 시트에 들러붙지 않는 쿠킹 스프레이를 뿌려 준비하세요.

c) 믹싱볼에 소시지, 비스퀵 믹스, 양파, 마늘, 이탈리안 시즈닝, 모짜렐라 치즈, 피자 소스 12 컵을 넣고 섞습니다.

d) 그 후, 작동 가능하도록 충분한 양의 물을 추가하십시오.

e) 반죽을 1 인치 크기의 공 모양으로 굴립니다.

f) 피자볼 위에 파마산 치즈를 뿌려주세요.

g) 그런 다음 준비한 베이킹 시트에 공을 놓습니다.

h) 오븐을 350°F 로 예열하고 20 분간 굽습니다.

i) 담그기 위해 남은 피자 소스를 옆에 곁들여 제공합니다.

46. 이탈리안 치킨 페이스트리 바이트

제공량: 8 개 묶음

재료

- 크레센트 롤 1 캔(8 롤)

- 다진 닭고기 1 컵

- 스파게티 소스 1 테이블스푼

- 다진마늘 $\frac{1}{2}$ 티스푼

- 모짜렐라 치즈 1 테이블스푼

지도:

a) 오븐을 화씨 350 도까지 예열하세요. 프라이팬에 닭고기, 소스, 마늘을 넣고 따뜻해질 때까지 요리합니다.

b) 별도의 초승달 모양 롤로 만든 삼각형입니다. 각 삼각형의 중앙에 닭고기 혼합물을 분배합니다.

c) 원하는 경우 비슷한 방식으로 치즈를 분배하십시오.

d) 롤의 측면을 함께 꼬집고 닭고기를 감싸십시오.

e) 베이킹 스톤 위에서 15 분 동안 또는 황금색이 될 때까지 굽습니다.

47. 아란치니 볼

18 개 만든다

재료

- 올리브 오일 2 큰술

- 무염버터 15g

- 잘게 다진 양파 1 개

- 으깬 큰 마늘 1 쪽

- 리조또밥 350g

- 드라이 화이트 와인 150ml

- 뜨거운 닭고기 또는 야채 육수 1.2l

- 잘게 다진 파마산 치즈 150g

- 잘게 썬 레몬 1 개

- 볼 모짜렐라 150g, 18 개의 작은 조각으로 잘게 썬 것

- 튀김용 식물성 기름

코팅용

- 일반 밀가루 150g

- 큰 계란 3 개, 살짝 풀어서 준비

- 잘게 말린 빵가루 150g

지도:

a) 냄비에 오일과 버터를 넣고 거품이 날 때까지 가열합니다. 양파와 소금 한 꼬 집을 넣고 15 분 동안 또는 부드러워지고 반투명해질 때까지 약한 불에서 조리합니다.

b) 마늘을 넣은 후 1 분 더 조리하세요.

c) 쌀을 추가하고 와인을 추가하기 전에 1 분 더 끓입니다. 액체를 끓여서 반으로 줄어들 때까지 요리하십시오.

d) 스톡의 절반을 붓고 대부분의 액체가 흡수될 때까지 계속 혼합합니다.

e) 쌀이 액체를 흡수하면 남은 육수를 한 번에 한 국자씩 추가하고 쌀이 완전히 익을 때까지 계속 저어줍니다.

f) 파마산 치즈와 레몬 껍질을 추가하고 소금과 후추로 맛을 냅니다. 리조또를 입술이 있는 트레이에 넣고 실온으로 식혀주세요.

g) 식힌 리조또를 골프공 크기 정도의 18 등분으로 나눕니다.

h) 손바닥에 리조또 볼을 납작하게 펴고 중앙에 모짜렐라 치즈를 얹은 뒤 밥에 치즈를 싸서 공 모양으로 만듭니다.

i) 남은 리조또 볼도 같은 방식으로 계속해서 만듭니다.

j) 세 개의 얇은 접시에 밀가루, 계란, 빵가루를 섞습니다. 각 리조또 볼은 먼저 밀가루를 뿌린 다음 계란에 담근 다음 마지막으로 빵가루를 묻혀야 합니다. 접시에 담아서 보관하세요.

k) 크고 바닥이 두꺼운 냄비에 식물성 기름을 반쯤 채우고 조리 온도계가 170°C 를 가리키거나 45 초 안에 빵 조각이 황금빛 갈색으로 변할 때까지 중간 불로 가열합니다.

l) 한꺼번에 리조또 볼을 기름에 넣고 8~10 분 동안 또는 황금빛 갈색이 되어 중앙이 녹을 때까지 볶습니다.

m) 깨끗한 키친타월을 깐 트레이에 올려 따로 보관해 주세요.

n) 아란치니를 따뜻하게 드시거나 간단한 토마토 소스에 담가서 드세요.

48. 이탈리안 나초

제공량: 1

재료

알프레도 소스

- 1 컵 반반

- 1 컵 헤비 크림

- 무염 버터 2 테이블스푼

- 다진 마늘 2 쪽

- 파마산 치즈 1/2 컵

- 소금과 후추

- 밀가루 2 큰술

나쵸

- 삼각형으로 자른 완탕 포장지

- 1 닭고기는 삶아서 잘게 찢어줍니다

- 볶은 고추

- 모짜렐라 치즈

- 올리브

- 파슬리 다진 것

- 파마산 치즈

- 땅콩이나 카놀라 튀김용 기름

지도:

a) 소스팬에 무염버터를 넣고 중불로 녹입니다.

b) 버터가 모두 녹을 때까지 마늘을 저어줍니다.

c) 밀가루를 빨리 넣고 뭉쳐서 황금빛이 될 때까지 계속 휘젓습니다.

d) 믹싱볼에 헤비 크림과 하프앤하프를 섞습니다.

e) 끓으면 약한 불로 줄여 **8~10** 분간 또는 걸쭉해질 때까지 조리합니다.

f) 소금과 후추로 간을 맞춘다.

g) 완탕: 큰 프라이팬에 기름을 넣고 중간 정도 센 불로 **1/3** 정도 올려 가열합니다.

h) 완탕을 한 번에 하나씩 추가하고 바닥이 거의 황금색이 될 때까지 가열한 다음 뒤집어 반대쪽도 요리합니다.

i) 배수구 위에 종이 타월을 놓습니다.

j) 오븐을 **350°F** 로 예열하고 베이킹 시트에 양피지를 깔고 완탕을 놓습니다.

k) 그 위에 알프레도 소스, 닭고기, 고추, 모짜렐라 치즈를 올려주세요.

l) 오븐의 브로일러 아래에 **5~8** 분 동안 두거나 치즈가 완전히 녹을 때까지 놔두세요.

49. 이탈리안 페퍼로니 롤업

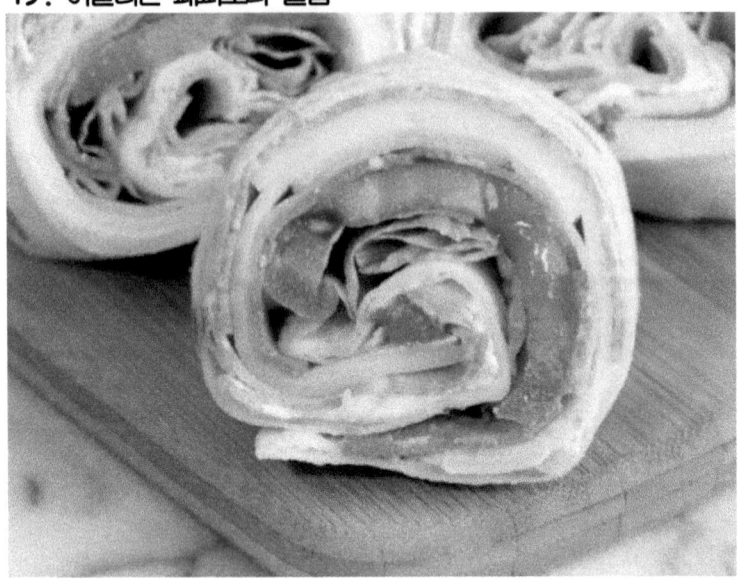

35 인분

재료

- 10 인치 밀가루 토르티야 5 개 (시금치 햇볕에 말린 토마토 또는 흰 밀가루)

- 연화된 크림치즈 16 온스

- 다진 마늘 2 작은술

- 사워 크림 1/2 컵

- 파마산 치즈 1/2 컵

- 이탈리안 슈레드 치즈 또는 모짜렐라 치즈 1/2 컵

- 이탈리안 시즈닝 2 티스푼

- 16 온스 페퍼로니 슬라이스

- 잘게 썬 노란색 및 주황색 고추 3/4 컵

- 잘게 썬 신선한 버섯 1/2 컵

지도:

a) 믹싱볼에 크림치즈를 부드러워질 때까지 차십시오. 믹싱볼에 마늘, 사워 크림, 치즈, 이탈리안 시즈닝을 넣고 섞습니다. 모든 것이 잘 섞일 때까지 섞으세요.

b) **5** 개의 밀가루 토르티아에 혼합물을 고르게 펴 바릅니다. 토르티야 전체를 치즈 혼합물로 덮습니다.

c) 치즈 혼합물 위에 페퍼로니 층을 놓습니다.

d) 페퍼로니를 굵게 썬 고추와 버섯과 겹쳐주세요.

e) 또띠아를 각각 단단히 말아 비닐 랩으로 포장합니다.

f) 냉장고에 최소 **2** 시간 이상 넣어두세요.

50. 살라미 소시지를 곁들인 치즈 갈레트

5 인분

재료:

- 버터 130g
- 밀가루 300g
- 소금 1 티스푼
- 계란 1 개
- 우유 80ml
- 식초 1/2 티스푼

충전재:

- 토마토 1 개
- 달콤한 고추 1 개
- 서양 호박
- 살라미
- 모짜렐라
- 올리브 오일 1 큰술
- 허브(백리향, 바질, 시금치 등)

지도:

a) 버터를 큐브로 만듭니다.

b) 그릇이나 팬에 기름, 밀가루, 소금을 넣고 칼로 자릅니다.

c) 계란, 약간의 식초, 약간의 우유를 넣습니다.

d) 반죽을 반죽하기 시작하십시오. 한덩이로 굴린 후 비닐랩으로 싸서 30 분 동안 냉장 보관하세요.

e) 필링재료를 모두 잘라주세요.

f) 베이킹용 양피지(모짜렐라 제외) 위에 펴 놓은 커다란 원형 반죽의 중앙에 충전재를 놓습니다.

g) 올리브 오일을 뿌리고 소금과 후추로 간을 합니다.

h) 그런 다음 반죽의 가장자리를 조심스럽게 들어 올리고 겹치는 부분을 감싸고 가볍게 누릅니다.

i) 오븐을 200°C 로 예열하고 35 분간 굽습니다. 굽는 시간이 끝나기 10 분 전에 모짜렐라 치즈를 넣고 계속 굽는다.

j) 즉시 봉사하십시오

51. 모짜렐라 튀김과 스파게티

재료

- 마늘 2 쪽

- 신선한 파슬리 1 묶음

- 3 샐러드 양파, 얇게 썰린

- 다진 돼지고기 225 그램

- 갓 간 파마산 치즈 2 테이블스푼

- 올리브 오일 1 테이블스푼

- 스파게티 또는 탈리아텔레 150g

- 뜨거운 쇠고기 육수 100 밀리리터

- 다진 토마토 400g 캔

- 설탕 1 꼬집, 간장 1 작은술

- 소금과 후추

- 계란 1 개

- 올리브 오일 1 테이블스푼

- 우유 75 밀리리터

- 밀가루 50 그램

- 훈제 모짜렐라 150g

- 해바라기 유, 튀김용

- 레몬 1 개

지도:

a) 마늘을 으깨고 파슬리를 잘게 썬다. 다진 고기, 샐러드용 양파, 마늘, 파마산 치즈, 파슬리를 넣고 소금과 후추를 넉넉히 넣고 섞습니다.

b) **8** 개의 단단한 공 모양으로 만듭니다.

c) 미트볼을 갈색이 될 때까지 요리하세요. 주식을 붓습니다.

d) 소금물을 끓인 큰 냄비에 파스타를 요리합니다.

52. 치즈 토르텔리니 꼬치

수율: 8

재료

- 1 팩(12 온스) 치즈 토르텔리니

- 방울토마토 1 컵

- 신선한 모짜렐라 볼 1 컵

- 얇게 썬 1/4 파운드 살라미

- 신선한 바질 잎 1/4 컵

- 대시 발사믹 글레이즈

- 나무꼬치 8 개

지도:

a) 큰 냄비에 물을 넣고 끓인 후 포장에 적힌 설명에 따라 토르텔리니를 요리하세요.

b) 익힌 토르텔리니를 소쿠리에 넣고 실온이 될 때까지 찬물을 부어주세요.

c) 각 항목을 꼬치에 꽂고 꼬치 바닥까지 밀어 넣습니다. 서빙 직전에 꼬치를 접시에 담고 발사믹 글레이즈를 뿌립니다.

53. 토스카나 스타일 미트볼 플랫브레드

수율: 4

재료

- 1 팩(16 온스) 송아지 미트볼

- 장인이 만든 플랫브레드 크러스트 4 개

- 다진 마늘 4 쪽

- 얇게 썬 적양파 1 컵

- 마리나라 소스 2 컵

- 올리브 오일 1 테이블스푼

- 건조 이탈리안 시즈닝 1 티스푼

- 10 온스 얇게 썬 신선한 모짜렐라 통나무

- 4 온스 전유 리코타 치즈

- 얇게 썬 신선한 바질 4 테이블스푼

지도:

a) 오븐을 화씨 425 도까지 예열하세요.

b) 포장 방향에 따라 미트볼을 조리한 후 따로 보관해 두세요.

c) 큰 소테 팬에 올리브 오일을 넣고 중간 불로 가열한 다음 적양파와 마늘을 넣고 가끔 저어주며 투명하고 향이 날 때까지 4~5 분간 조리합니다.

d) 양피지를 깐 쿠키 시트에 플랫브레드를 준비합니다.

e) 각 플랫브레드 반죽에 마리나라 소스 1/2 컵을 고르게 펴 바르고 건조 이탈리안 스파이스로 양념하세요.

f) 각 플랫브레드에 모짜렐라 슬라이스 5-6 개를 놓습니다.

g) 익힌 미트볼을 둥글게 자르고 각 플랫브레드에 균등하게 분배합니다. 미트볼 사이에 붉은 양파와 마늘을 나눕니다.

h) 플랫브레드를 8 분 동안 굽습니다. 오븐에서 플랫 브레드를 꺼내고 리코타 치즈 4 테이블스푼을 각 위에 뿌린 다음 오븐에 다시 넣고 2 분 동안 리코타를 따뜻하게 합니다.

i) 오븐에서 플랫브레드를 꺼내고 신선한 바질로 덮은 후 2 분간 방치해 식힙니다.

j) 바로 잘라서 서빙하세요.

54. 마늘 토스트 미트볼 슬라이더

수율: 8

재료

- 1 팩(26 온스) 이탈리안 미트볼

- 마리나라 소스 1 병

- 냉동 텍사스 토스트 1 팩

- 얇게 썬 모짜렐라 치즈 1 팩

- 신선한 바질 잎 8 개 - 다진 것

지도:

a) 오븐을 화씨 400 도까지 예열하세요.

b) 베이킹 시트에서 텍사스 토스트 조각을 4 분 동안 굽습니다.

c) 오븐에서 반쯤 구운 토스트를 꺼내고 각 슬라이스에 마리나라 소스
   2 테이블스푼을 바르고 미트볼 6 개와 모짜렐라 치즈 한 조각을 얹습니다. 꼬치를
   이용해서 제자리에 고정해주세요.

d) 6 분간 더 굽습니다.

e) 각 조각을 반으로 자르고 바질 잎을 뿌립니다.

f) 즉시 봉사하십시오.

55. 세이탄 피자 컵

2 개 만든다

재료

- 1 온스. 완전 지방 크림 치즈

- 전유 모짜렐라 치즈 1 1/2 컵

- 큰 계란 1 개, 풀어서 준비

- 아몬드 가루 1 컵

- 코코넛 가루 2 큰술

- 피자소스 1/3 컵

- 잘게 썬 체다 치즈 1/3 컵

- 1/2 패키지 세이탄 또는 약 4 온스, 잘게 썬 것

지도

a) 오븐을 400°F 로 예열하세요.

b) 크림치즈와 모짜렐라를 전자레인지용 큰 그릇에 넣고 전자레인지에 1 분 동안 넣고 여러 번 저어줍니다.

c) 풀어둔 계란과 밀가루를 모두 넣고 공이 생길 때까지 빠르게 저어줍니다. 가볍게 끈적해질 때까지 손으로 반죽하세요.

d) 반죽을 8 등분으로 나눕니다. 기름칠한 양피지 두 장 사이에 조각을 놓고 밀방망이로 펴세요.

e) 반죽의 각 조각을 기름칠된 머핀 통에 넣어 작은 반죽 컵을 만듭니다.

f) 15 분 동안 또는 황금빛 갈색이 될 때까지 굽습니다.

g) 오븐에서 꺼내 피자소스, 체다치즈, 세이탄을 각각 뿌립니다. 치즈가 녹을 때까지 오븐에 다시 넣어 5 분 동안 굽습니다.

h) 머핀 통에서 꺼내어 서빙하세요.

56. 바삭한 새우튀김

6 인분

재료:

- 껍질을 벗긴 작은 새우 $\frac{1}{2}$ 파운드

- 병아리콩 또는 일반 밀가루 $1\frac{1}{2}$ 컵

- 다진 신선한 평면 잎 파슬리 1 테이블스푼

- 쪽파 3 개, 흰 부분과 연한 녹색 꼭지 부분 약간, 잘게 썬 것

- 달콤한 파프리카/피망톤 $\frac{1}{2}$ 티스푼

- 소금

- 튀김용 올리브유

지도:

a) 냄비에 새우가 잠길 정도로 물을 넣고 센 불에서 끓입니다.

b) 그릇이나 푸드 프로세서에 밀가루, 파슬리, 쪽파, 피멘톤을 섞어 반죽을 만듭니다. 식힌 요리 물과 소금 한 꼬집을 추가합니다.

c) 팬케이크 반죽보다 약간 두꺼운 질감이 될 때까지 섞거나 가공합니다. 덮은 후 1 시간 동안 냉장 보관하세요.

d) 새우를 냉장고에서 꺼내 잘게 다져주세요. 커피 분쇄는 조각의 크기 여야합니다.

e) 냉장고에서 반죽을 꺼내 새우를 넣고 저어주세요.

f) 두꺼운 소테 팬에 올리브 오일을 약 1 인치 깊이까지 붓고 거의 연기가 날 때까지 센 불로 가열합니다.

g) 각 튀김마다 반죽 1 테이블스푼을 기름에 붓고 숟가락 뒷면으로 반죽을 지름 3 1/2 인치 원형으로 납작하게 만듭니다.

h)   각 면을 약 1 분 동안 한 번 회전하면서 튀기거나 튀김이 황금색이 되고 바삭바삭해질 때까지 튀깁니다.

i)   구멍이 있는 스푼을 사용하여 튀김을 제거하고 오븐용 접시에 놓습니다.

j)   즉시 봉사하십시오.

57. 속을 채운 토마토

재료:

- 작은 토마토 8 개 또는 큰 토마토 3 개

- 삶은 계란 4 개를 식혀서 껍질을 벗깁니다.

- 아이올리 또는 마요네즈 6 테이블스푼

- 소금과 후추

- 다진 파슬리 1 테이블스푼

- 큰 토마토를 사용하는 경우 흰 빵가루 1 테이블스푼

지도:

a) 토마토를 끓는 물에 10 초 동안 껍질을 벗긴 후 얼음물이나 매우 차가운 물에 담그십시오.

b) 토마토의 꼭지를 잘라냅니다. 티스푼이나 작고 날카로운 칼을 사용하여 씨앗과 내부를 긁어냅니다.

c) 믹싱볼에 달걀을 아이올리(또는 마요네즈를 사용하는 경우), 소금, 후추, 파슬리와 함께 으깨세요.

d) 토마토에 속을 채우고 꼭꼭 눌러주세요. 작은 토마토의 경우 뚜껑을 경쾌한 각도로 교체합니다.

e) 토마토를 꼭대기까지 채우고 수평이 될 때까지 세게 누릅니다. 날카로운 조각칼을 사용하여 고리 모양으로 자르기 전에 1 시간 동안 냉장 보관하세요.

f) 파슬리로 장식합니다.

58. 아이올리를 곁들인 소금대구튀김

6 인분

재료:

- 불린 소금대구 1 파운드

- 3 1/2 온스 말린 흰 빵가루

- 밀가루 감자 1/4 파운드

- 얇은 튀김용 올리브 오일

- 우유 1/4 컵

- 레몬 웨지와 샐러드 잎, 서빙

- 잘게 다진 파 6 개

- 아이올리

지도

a) 살짝 소금을 넣은 끓는 물이 담긴 팬에 껍질을 벗기지 않은 감자를 약 20 분 동안 또는 부드러워질 때까지 요리합니다. 물을 빼다.

b) 감자는 손으로 만질 수 있을 만큼 차가워지면 껍질을 벗긴 후 포크나 감자 으깨는 도구로 으깨주세요.

c) 냄비에 우유, 파 반 개를 넣고 끓입니다. 불린 대구를 넣고 10~15 분 동안 또는 쉽게 부스러질 때까지 데치세요. 팬에서 대구를 꺼내 포크로 그릇에 담아 뼈와 껍질을 제거합니다.

d) 으깬 감자 4 큰술을 대구와 함께 넣고 나무 숟가락으로 섞습니다.

e) 올리브 오일을 넣고 남은 으깬 감자를 점차적으로 첨가합니다. 남은 파와 파슬리를 믹싱볼에 넣고 섞습니다.

f) 맛을 보려면 레몬즙과 후추로 간을 하세요.

g) 별도의 그릇에 달걀 1 개를 잘 섞일 때까지 푼 다음 단단해질 때까지 식힙니다.

h) 식힌 생선 혼합물을 12-18 개의 공으로 굴린 다음 부드럽게 펴서 작은 둥근 케이크로 만듭니다.

i) 각각에 먼저 밀가루를 뿌린 다음 남은 계란에 담그고 마른 빵가루로 마무리해야 합니다.

j) 튀길 준비가 될 때까지 냉장 보관하세요.

k) 크고 무거운 프라이팬에 약 3/4 인치 오일을 가열합니다. 중간 불에서 약 4 분 동안 튀김을 요리하세요.

l) 뒤집어서 4 분간 더 조리하거나 반대편이 바삭하고 황금색이 될 때까지 조리하세요.

m) 아이올리, 레몬 웨지, 샐러드 잎과 함께 제공하기 전에 종이 타월로 물기를 뺍니다.

59. 새우 고로케

약 36 개 단위 생산

재료:

- 3 1/2 온스 버터

- 4 온스 일반 밀가루

- 1 1/4 파인트 차가운 우유

- 소금과 후추

- 14 온스 껍질을 벗긴 새우 요리, 깍둑썰기

- 토마토 퓨레 2 작은술

- 고운 빵가루 5~6 테이블스푼

- 큰 계란 2 개, 풀어서 준비

- 튀김용 올리브유

지도

a) 중간 크기의 냄비에 버터를 녹이고 밀가루를 넣고 계속 저어줍니다.

b) 걸쭉하고 부드러운 소스가 될 때까지 계속 저어주면서 차가운 우유를 천천히 부어주세요.

c) 새우를 넣고 소금과 후추로 넉넉하게 양념한 다음 토마토 페이스트를 넣고 휘젓습니다. 7~8 분 더 조리하세요.

d) 재료를 한 스푼 정도 덜어 1 1/2 - 2 인치 원통형 크로켓으로 만듭니다.

e) 크로켓을 빵가루에 묻힌 다음 달걀물에 묻히고 마지막으로 빵가루에 묻힙니다.

f) 크고 바닥이 두꺼운 팬에 튀김용 기름을 가열하여 온도가 350°F 에 도달하거나 빵 조각이 20-30 초 안에 황금빛 갈색으로 변할 때까지 가열합니다.

g) 3~4 개 이하로 나누어서 황금빛 갈색이 될 때까지 약 5 분간 볶습니다.

h) 슬롯형 스푼을 사용하여 닭고기를 꺼내 키친 페이퍼로 물기를 제거하고 즉시 제공합니다.

60. 바삭바삭 양념 감자

제공량: 4

재료:

- 올리브 오일 3 테이블스푼
- 껍질을 벗겨 깍둑썰기한 러셋 감자 4 개
- 다진 양파 2 테이블스푼
- 다진 마늘 2 쪽
- 소금과 갓 갈은 후추
- 스페인 파프리카 1 1/2 테이블스푼
- 타바스코 소스 1/4 티스푼
- 긴 백리향 1/4 티스푼
- 케첩 1/2 컵
- 마요네즈 1/2 컵
- 장식용 다진 파슬리
- 튀김용 올리브 오일 1 컵

지도

브라바 소스:

a) 냄비에 올리브 오일 3 테이블스푼을 넣고 중간 불로 가열합니다. 양파가 부드러워질 때까지 양파와 마늘을 볶습니다.

b) 팬을 불에서 내리고 파프리카, 타바스코 소스, 백리향을 넣고 휘젓습니다.

c) 믹싱볼에 케첩과 마요네즈를 섞습니다.

d) 맛을 보려면 소금과 후추로 간을 하세요. 방정식에서 제거하십시오.

감자:

e) 감자에 소금과 후추로 살짝 양념을 해주세요.

f) 큰 프라이팬에 올리브 오일 1 컵을 두르고 감자를 황금빛 갈색이 될 때까지 튀기고 완전히 익히면서 가끔씩 뒤섞습니다.

g) 감자의 물기를 종이 타월에 올려 놓고 맛을 본 후 필요한 경우 추가 소금으로 간을 하세요.

h) 감자를 바삭하게 유지하려면 서빙 직전에 소스와 섞으세요.

i) 다진 파슬리로 장식하여 따뜻하게 서빙하세요.

61. 새우 감바스

6 인분

재료:

- 올리브 오일 1/2 컵
- 레몬 1 개의 즙
- 바다 소금 2 티스푼
- 중대형 새우 24 마리(머리가 손상되지 않은 껍질 포함)

지도:

a) 믹싱볼에 올리브 오일, 레몬즙, 소금을 넣고 완전히 섞일 때까지 휘젓습니다. 새우를 가볍게 코팅하려면 혼합물에 몇 초 동안 담그십시오.

b) 마른 프라이팬에 기름을 두르고 센 불로 가열합니다. 일괄 작업하면서 팬이 매우 뜨거울 때 팬이 붐비지 않도록 단일 층에 새우를 추가합니다. 1 분 동안 끓이는 중

c) 불을 중간으로 줄이고 1 분 더 조리하세요. 불을 세게 높이고 새우를 2 분간 더 또는 황금색이 될 때까지 굽습니다.

d) 오븐용 접시에 올려 낮은 오븐에 새우를 따뜻하게 유지하세요.

e) 남은 새우도 같은 방법으로 삶아주세요.

62. 홍합 비네그레트

제공량: 타파스 30 개 분량

재료:

- 깨끗이 씻어 수염을 제거한 홍합 2 1/2 다스 잘게 썬 양상추

- 다진 파 2 큰술

- 다진 피망 2 큰술

- 다진고추 2 큰술

- 다진 파슬리 1 큰술

- 올리브 오일 4 큰술

- 식초 또는 레몬즙 2 큰술

- 고추 소스 대쉬

- 소금 맛

지도

a) 홍합을 쪄서 벌리세요.

b) 큰 물 냄비에 넣으십시오. 뚜껑을 덮고 센 불로 요리하며, 껍질이 열릴 때까지 팬을 가끔 저어줍니다. 홍합을 불에서 꺼내고, 열리지 않은 홍합은 버립니다.

c) 홍합을 전자레인지에 데워서 개봉할 수도 있습니다. 부분적으로 덮은 전자레인지용 그릇에 최대 전력으로 1 분 동안 전자레인지에 돌리세요.

d) 저은 후 전자레인지에 1 분간 더 돌려줍니다. 개봉한 홍합을 꺼내 전자레인지에 1 분간 더 조리하세요. 열려 있는 것을 한 번 더 제거하세요.

e) 취급할 수 있을 만큼 차가워지면 빈 껍질을 제거하고 폐기합니다.

f) 서빙 트레이에 서빙 직전에 잘게 썬 양상추 위에 홍합을 얹어 놓습니다.

g) 믹싱 접시에 양파, 녹색 및 붉은 고추, 파슬리, 오일, 식초를 섞습니다.

h) 소금과 고추 소스를 맛보세요. 홍합 껍질을 혼합물로 반쯤 채웁니다.

63. 쌀로 채워진 고추

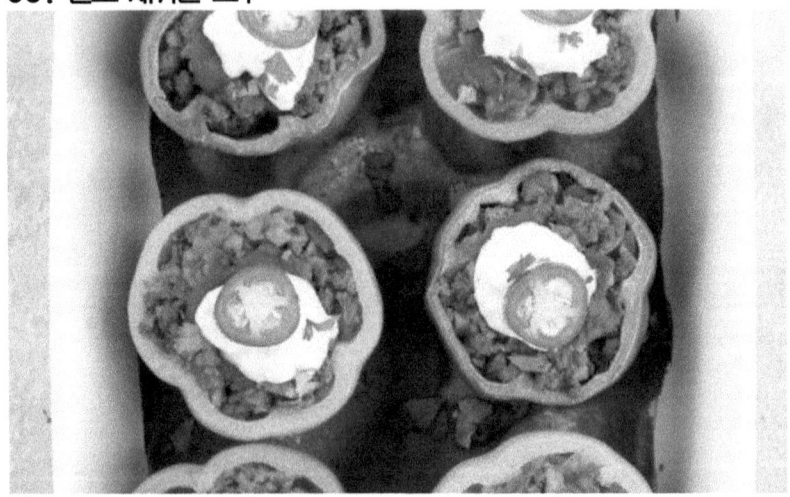

제공량: 4

재료:

- 1 파운드 2 온스 Bomba 또는 Calasparra 와 같은 단립 스페인 쌀

- 올리브 오일 2-3 테이블스푼

- 큰 고추 4 개

- 잘게 썬 작은 고추 1 개

- 다진 양파 1/2 개

- 껍질을 벗기고 다진 토마토 1/2 개

- 5 온스 다진/다진 돼지고기 또는 3 온스, 소금대구

- 사프란

- 다진 신선한 파슬리

- 소

지도:

a) 고추의 줄기 끝 부분을 잘라낸 후 티스푼으로 안쪽 막을 긁어내고 나중에 다시
    꽂을 수 있도록 뚜껑으로 보관해 두세요.

b) 기름을 가열하고 고추가 부드러워질 때까지 부드럽게 볶습니다.

c) 양파가 부드러워질 때까지 볶은 다음 고기를 넣고 살짝 갈색이 될 때까지
    볶습니다. 몇 분 후에 토마토를 추가한 다음 익힌 고추, 생쌀, 사프란, 파슬리를
    추가합니다. 입맛에 맞게 소금으로 간을 하세요.

d) 고추를 조심스럽게 채우고 오븐용 접시에 옆으로 눕혀서 놓으세요. 속이 쏟아지지 않도록 조심하세요.

e) 뜨거운 오븐에서 접시를 덮고 약 **1 1/2** 시간 동안 요리합니다.

f) 밥은 토마토와 고추액으로 조리됩니다.

64. 로즈마리와 칠리 오일을 곁들인 오징어

제공량: 4

재료:

- 엑스트라 버진 올리브 오일

- 신선한 로즈마리 1 다발

- 씨를 제거하고 잘게 다진 전체 붉은 고추 2 개 싱글 크림 150ml

- 달걀 노른자 3 개

- 갈은 파마산 치즈 2 큰술

- 일반 밀가루 2 큰술

- 소금과 신선한 갈은 후추

- 껍질을 벗기고 으깬 마늘 1 쪽

- 말린 오레가노 1 티스푼

- 튀김용 식물성 기름

- 6 오징어는 깨끗이 씻어서 링 모양으로 썬다

- 소금

지도:

a) 드레싱을 만들기 위해 작은 냄비에 올리브 오일을 두르고 로즈마리와 칠리를 넣고 섞습니다. 방정식에서 제거하십시오.

b) 큰 믹싱볼에 크림, 달걀 노른자, 파마산 치즈, 밀가루, 마늘, 오레가노를 함께 섞습니다. 반죽이 부드러워질 때까지 섞으세요. 갓 갈아서 후추로 간을 합니다.

c) 튀김을 할 때는 기름을 $200°C$ 로 예열하거나 빵 한 조각이 30 초 안에 갈색이 될 때까지 예열하세요.

d) 오징어 링을 하나씩 반죽에 담그고 조심스럽게 기름에 넣으십시오. 황금빛 갈색이 될 때까지 약 $2~3$ 분간 조리합니다.

e) 키친 페이퍼에 물기를 빼고 드레싱을 부어 즉시 제공하세요. 필요한 경우 소금으로 간을 하세요.

65. 토르텔리니 샐러드

제공량: 8

재료:

- 삼색치즈 토르텔리니 1 팩

- 잘게 썬 페퍼로니 $\frac{1}{2}$ 컵

- 얇게 썬 쪽파 $\frac{1}{4}$ 컵

- 잘게 썬 녹색 피망 1 개

- 반으로 자른 방울토마토 1 컵

- 얇게 썬 칼라마타 올리브 1$\frac{1}{4}$ 컵

- 다진 절인 아티초크 하트 $\frac{1}{4}$ 깁

- 6 온스 잘게 썬 모짜렐라 치즈

- 이탈리안 드레싱 1/3 컵

지도:

a) 포장에 적힌 설명에 따라 토르텔리니를 조리한 후 물기를 빼세요.

b) 토르텔리니를 드레싱을 제외한 나머지 재료와 함께 큰 믹싱볼에 넣습니다.

c) 위에 드레싱을 뿌립니다.

d) 2 시간 동안 방치하여 식힙니다.

66. 카프레제 파스타 샐러드

제공량: 8

재료:

- 익힌 펜네 파스타 2 컵

- 페스토 1 컵

- 다진 토마토 2 개

- 잘게 썬 모짜렐라 치즈 1 컵

- 소금과 후추 맛

- 오레가노 1/8 티스푼

- 레드와인 식초 2 티스푼

지도:

a) 포장에 적힌 설명에 따라 파스타를 요리하세요. 약 12 분 정도 소요됩니다. 물을 빼다.

b) 큰 믹싱볼에 파스타, 페스토, 토마토, 치즈를 넣고 섞습니다. 소금, 후추, 오레가노로 간을 하세요.

c) 그 위에 레드와인 식초를 뿌린다.

d) 냉장고에 1 시간 동안 넣어두세요.

67. 발사믹 브루스케타

제공량: **8**

재료:

- 씨를 제거하고 잘게 썬 로마 토마토 1 컵

- 다진 바질 $\frac{1}{4}$ 컵

- 잘게 썬 페코리노 치즈 $\frac{1}{2}$ 컵

- 다진 마늘 1 쪽

- 발사믹 식초 1 테이블스푼

- 올리브 오일 1 티스푼

- 소금과 후추로 맛을 내세요. 치즈 자체가 약간 짜기 때문에 주의하세요.

- 얇게 썬 프랑스 빵 1 덩이

- 올리브 오일 3 큰술

- 마늘가루 $\frac{1}{4}$ 티스푼

- 바질 $\frac{1}{4}$ 티스푼

지도:

a) 믹싱 접시에 토마토, 바질, 페코리노 치즈, 마늘을 섞습니다.

b) 작은 믹싱볼에 식초와 올리브 오일 1 테이블스푼을 함께 섞습니다. 따로 보관하십시오. c) 빵 조각에 올리브 오일, 마늘 가루, 바질을 뿌립니다.

c) 베이킹 팬에 올리고 350 도에서 5 분간 굽습니다.

d) 오븐에서 꺼내십시오. 그런 다음 토마토와 치즈 혼합물을 위에 추가합니다.

e) 필요한 경우 소금과 후추로 간을 하세요.

f) 즉시 봉사하십시오.

68. 고등어구이

수확량: 1 인분

재료

- 1 파운드 신선한 멸치, 정어리, 고등어

- 2 마늘 머리: 호일에 싸서 화씨 350 도에서 1 시간 동안 굽습니다.

- 계란 2 개

- 마늘 4 쪽

- 레몬 1 개의 즙과

- 2 레몬: 웨지에서

- 엑스트라 버진 올리브 오일 1 컵

- 소금과 후추 맛

- 미지근한 물 1 테이블스푼

- 프랑스빵 4 조각

지도

a) 그릴이나 그릴러를 가열하세요.

b) 비늘과 내장 멸치(또는 정어리 또는 고등어)(머리와 꼬리는 손상되지 않음). 마늘 머리를 천천히 짜서 페이스트를 꺼내 따로 보관합니다.

c) 아이올리를 만들려면 계란과 마늘을 믹서에 레몬즙과 함께 넣고 잘 섞어주세요. 믹서를 작동시키면서 오일을 얇게 첨가하여 걸쭉한 에멀전을 형성합니다. 꺼내어 소금과 후추로 간을 하고 미지근한 물 1~2 큰술을 넣어 원하는 농도로 묽게 만듭니다.

d) 그릴에 멸치를 놓고 한 면당 약 1~2 분씩 익힌 다음 접시에 담습니다. 빵을 굽고 마늘 퓨레를 바르세요. 각 접시에 빵 1 조각을 놓고 중앙에 레몬 웨지와 아이올리를 곁들여 제공합니다.

69. 베이컨으로 감싼 구운 새우

수율: 4 인분

재료

- 20 마리 중간 새우; 깨끗이 청소

- 베이컨 10 개 스트랍; 날것, 잘라서 ha

- 3 빨간색 또는 노란색 달콤한 고추;

- 엑스트라 버진 올리브 오일 4 테이블스푼

- 발사믹 식초 2 테이블스푼

- 머스타드 1 테이블스푼

- 신선한 백리향 장식

- 1 헤드 라디키오

- 꽃상추 1 개

- 비브 양상추 1 개

지도

a) 라디키오, 꽃상추, 양상추를 씻어서 말립니다. 한 입 크기로 찢어서 따로 보관하세요. 새우를 베이컨 $\frac{1}{2}$ 조각으로 단단히 감쌉니다.

b) 철판이나 숯불 그릴에서 바삭해질 때까지 한 번 회전하면서 3~5 분간 굽습니다. 따뜻하게 유지하려면 덮개를 덮으세요. 고추에 씨를 뿌리고 얇게 채 썬 조각으로 자릅니다. 따로.

c) 병에 오일, 식초, 겨자, 백리향을 섞습니다. 뚜껑을 덮고 잘 흔들어 주세요. 접시에 채소와 고추를 담습니다.

d) 새우를 추가합니다. 비네그레트와 부드럽게 섞으세요. 얕은 접시에 채소를 먼저 담고 그 위에 새우 5 마리를 담아냅니다.

70. 바베큐 쇠고기 컵

산출량: **5** 인분

재료

- **1** 파운드 여분의 살코기 다진 쇠고기

- 양파 **1** 개

- 비스킷 **1** 캔, 통조림

- 바비큐 소스 $\frac{1}{2}$ 컵

- 흑설탕 **2** TB

- 체다 치즈 $\frac{1}{4}$ c 잘게 썬 것

지도:

a) 브라운햄버거: 소스, 양파, 흑설탕을 추가합니다. 끓인다.

b) 기름칠한 머핀 틀에 비스킷 **1** 개를 각 컵에 넣고 컵 모양으로 만듭니다. 햄버거 혼합물을 컵에 숟가락으로 담습니다.

c) 위에 체다 치즈를 뿌리세요. **400** 도에서 **10~12** 분간 굽습니다.

71. 비둘기 가슴살을 말아 구운 것

수확량: 1 인분

재료

- 반으로 자른 비둘기 가슴살 1 개

- 올리브 오일 1 개

- 잘게 썬 양파 1 개

- 다진마늘 1 개

- 잘게 썬 빨간 피망 1 개

- 양파 2 개

- 할라피뇨 고추 2 조각

- 베이컨 1 줄, 반으로 자른 것

지도:

a) 새의 가슴살을 빼내고 각 가슴살 절반에서 고기를 꺼냅니다.

b) 올리브 오일, 잘게 썬 양파, 잘게 썬 마늘, 잘게 썬 빨간 피망에 밤새 담그세요. 아니면 이탈리안 드레싱에 밤새 재워두세요.

c) 가슴의 절반을 가져다가 왁스 칠한 종이 두 장 사이에 놓습니다. 고기망치로 펴줍니다. 양파 한 조각과 할라피뇨 고추 한 조각을 가져다가 편평한 가슴살을 그 주위로 굴립니다.

d) 다음으로 베이컨 반 조각을 가슴 둘레에 감싼 후 이쑤시개로 고정하세요.

e) 베이컨이 완성될 때까지 그릴 위에서 요리하세요. 전채로 뜨겁게 제공하십시오.

72. 바베큐 미트볼

재료

- 살코기 다진 쇠고기 3 파운드

- 퀵 오트밀 2 컵

- 13 온스 증발 우유

- 계란 2 개, 약간 섞은 것

- 다진 양파 1 컵

- 마늘가루 ½ 티스푼

- 소금 2 티스푼

- 후추 ½ 티스푼

- 칠리 파우더 2 티스푼

지도

a) 재료를 섞어 호두 크기의 공 모양으로 만듭니다. 9 x 13 인치 베이킹 접시 2 개에 넣습니다.

b) 소스: 4C. 케첩 2C. 흑설탕 3T. 액상연기 1t. 마늘가루 1C. 다진 양파

c) 갈색 설탕이 녹을 때까지 접시에 있는 재료를 섞습니다. 미트볼 위에 붓습니다. 350 도에서 1 시간 동안 굽습니다.

73. 한국식 바비큐 전채

수확량: 1 인분

재료

- 척고기

- 간장 $\frac{1}{4}$ 컵

- 카이엔 $1\frac{1}{4}$ 티스푼

- 파 1 개와 윗부분을 잘게 썬 것

- 참깨 2 테이블스푼

- 마늘가루 1 티스푼

- 식초 $1\frac{1}{2}$ 티스푼

- 참깨 $1\frac{1}{2}$ 티스푼

- 후추

지도

a) 고기를 곡물 전체에 걸쳐 매우 얇은 부분으로 자릅니다.

b) 나머지 재료와 함께 접시에 담고 잘 섞으세요

c) 덮어서 밤새 냉장 보관하세요

d) 바비큐 그릴 위 선반에 고기를 한 쪽당 1 분씩 올려 놓습니다.

74. 바베큐 치킨 전채

수율: 4 인분

재료

- 1 큰 뼈없는 닭 가슴살

- 1 피망, 잘게 썬 것

- 중간 크기의 양파 1 개, 두꺼운 조각으로 자릅니다.

- 케첩 $\frac{1}{2}$ 컵

- 머스타드 1 테이블스푼

- 흑설탕 1 테이블스푼

- 식초 1 테이블스푼

- 마늘가루 $\frac{1}{4}$ 티스푼

- 고추 소스 2 대시

지도:

a) 닭가슴살을 16 등분으로 잘라 전자레인지 그릇에 담습니다.

b) 닭고기 위에 후추와 양파 스트립을 뿌립니다.

c) 작은 접시에 남은 재료를 섞고 닭고기와 야채 위에 붓습니다. 4. 뚜껑을 덮고 전자레인지에 **70%** 전력으로 **7** 분 동안 또는 닭고기가 하얗고 부드러워질 때까지 조리하세요. 이쑤시개와 함께 제공하십시오.

75. 바베큐 비트

수확량: 10 인분

재료

- 프랭크 1 파운드, 1/2" 라운드

- 식초 $\frac{1}{4}$ 컵

- 흑설탕 3 테이블스푼

- 우스터셔 1 테이블스푼

- 다진 마늘 1 쪽

- 후추 $\frac{1}{4}$ 티스푼

- 토마토 소스 1$\frac{1}{2}$ 컵

- 다진 작은 양파 1 개

- 머스타드 1 테이블스푼

- 카레가루 $\frac{1}{2}$ 티스푼

- 소금 1 티스푼

지도:

a) 냄비에 FRANKS 를 제외한 모든 재료를 섞습니다.
b) 15 분 동안 끓입니다.
c) 부분 시간까지 진정하십시오.
d) 채핑 접시에 소스를 넣고 15 분 동안 데우세요. 전 부분
e) FRANK 라운드를 추가하세요. 철저히 가열하십시오.
f) 또는 부분, 손님은 FRANKS 를 추천합니다.

76. 버섯 뚜껑에 담긴 훈제 가리비

재료

- 옥수수 껍질 잎 6~8 개

- 큰 바다 가리비 16 개

- 대형 버섯뚜껑 16 개

- 올리브 오일, 가봉용

소스:

- 다진 흰 양파 $\frac{1}{4}$ 개

- 다진 아지 고추 $\frac{1}{2}$ 개

- 올리브 오일 1 테이블스푼

- $1\frac{1}{2}$ 온스 증발 우유

- 휘핑 크림 $1\frac{1}{2}$ 컵

- 드라이 셰리 $\frac{1}{4}$ 컵

- 코티하 치즈 $\frac{1}{2}$ 컵

- 옥수수 전분 $1\frac{1}{2}$ 테이블스푼

지도:

a) 스모커 바닥에 옥수수 껍질을 놓고 팬에 소량의 물을 추가합니다.

b) 바다 가리비를 팬에 올려 그릴에 올려 센 불에 **4** 분 정도 훈제합니다.

c) 버섯 뚜껑에 올리브 오일이나 치미추리 소스를 뿌립니다.

d) **2** 분간 굽습니다.

소스:

e) 작은 프라이팬에 올리브 오일을 두르고 양파와 고추를 볶습니다.

f) 믹서로 이동하십시오.

g) 연유와 휘핑 크림을 추가합니다. 잘 섞다

h) 미세한 메쉬 체에 액체를 붓고 프라이팬으로 옮깁니다. 드라이 셰리와 코티하 치즈를 추가합니다. 아주 따뜻해질 때까지 적당한 불로 가열하세요.

i) 옥수수 전분을 점차적으로 저어 걸쭉하게 만듭니다. 미세한 메쉬 스트레이너를 통해 소스를 걸러냅니다.

j) 각 접시에 소스를 바르세요. 훈제 가리비를 버섯뚜껑 안에 넣고 각 소스 접시에 **2** 개씩 담습니다.

77. 바베큐 킬바사

수율: 8 부분

재료

- 껍질이 없는 킬바사 3 파운드; 분할됨
- 케첩 1 컵
- 흑설탕 1 컵
- 우스터소스 2 테이블스푼
- $\frac{1}{4}$ 티스푼 마른 머스타드
- 레몬즙 1 테이블스푼
- 칠리 소스 $\frac{1}{2}$ 컵

지도:

a) 키엘바사를 물에 30 분간 삶아 기름기를 빼주세요

b) 남은 재료를 도기 냄비에 넣고 약 2 시간 동안 요리가 완료될 때까지 조리합니다.

c) 이쑤시개와 함께 도기 냄비에 담아주세요.

78. 구운 감자를 굽습니다

재료

- 6 감자 굽기

- 양파 1 개, 다진 것

- 4 온스 녹색 고추

- 4 온스 블랙 올리브, 다진 것

- 마늘가루 1/4 티스푼

- 레몬페퍼 1/2 티스푼

- 알루미늄 호일

지도:

a) 베이킹 감자를 문질러서 조각으로 자르되 껍질을 벗기지 마십시오.

b) 6~8 개의 정사각형 알루미늄 호일을 부분당 한 개씩 준비합니다.

c) 각 호일 사각형에 동일한 양의 재료를 놓습니다.

d) 호일을 겹쳐서 끝을 밀봉합니다. 약 45-55 분 동안 바비큐 그릴에 올려놓습니다.

79. 구운 아스파라거스

재료

- 아스파라거스 1 단

- 발사믹 식초 1/2 컵

- 대시 소금

지도

a) 블랙스톤 가스 그릴이나 숯불 바비큐를 가열하세요. 아스파라거스 위에 식초를 붓습니다. 15-30 분 동안 그대로 놓아두세요. 최고의 맛을 내려면 1 시간 동안 재워두세요.

b) 그릴의 상단 와이어 랙에 아스파라거스를 천천히 놓습니다. 바삭바삭하고 부드러워질 때까지 중간 정도의 높은 불로 요리하고 그릴 자국이 잘 갈색으로 변합니다.

80. 구운 포토벨로 버섯

재료

- 포르토벨로 버섯 4 개

- 잘게 썬 빨간 피망 1/2 컵

- 다진 마늘 1 쪽

- 올리브 오일 4 테이블스푼

- 양파가루 1/4 티스푼

- 소금 1 티스푼

- 갈은 후추 1/2 티스푼

지도:

a) Blackstone 을 야외 그릴에 가열하여 적당한 열을 가하고 기름을 살짝 두릅니다.

b) 버섯은 깨끗이 씻어 줄기를 꺼냅니다. 큰 접시에 빨간 피망, 마늘, 기름, 양파 가루, 소금, 간 후추를 넣고 잘 섞습니다. 버섯 위에 혼합물을 뿌립니다.

c) 간접 불로 굽거나 뜨거운 석탄 옆에서 15~20 분 동안 굽습니다.

81. 구운 박제 고추

재료

- 조림 토마토 2 캔 후추 1/2 티스푼

- 미리 지은 쌀 2 컵 다진 중간 정도의 양파 1 개

- 로스트 비프 스프레드 4 캔 다진 마늘 2 쪽

- 케첩 1 컵 적당한 청양고추 8 개

- 물 튼튼한 알루미늄 호일 1/2 컵

- 소금 1 티스푼

지도

a) 적당한 냄비에 토마토, 쌀, 로스트 비프 스프레드, 케첩, 물, 소금, 후추를 섞습니다. 양파와 마늘을 올리브 오일에 넣고 혼합물에 첨가합니다. 각 피망의 줄기 끝 부분을 얇게 자릅니다.

b) 모든 씨앗과 막을 꺼내십시오. 내부와 외부를 씻으십시오.

c) 각 고추에 쌀 혼합물을 가볍게 채우고 정사각형 알루미늄 호일 위에 놓습니다. 단단히 싸서 중간 정도의 뜨거운 석탄 위에 30 분간 조리합니다. 한 번 돌립니다.

82. 페스토를 채운 새우

4 인분 만들기

재료:

- 새우 12 마리 또는 거대(10~15 마리)
- 새우
- 씨를 제거한 할라피뇨 고추 1 개
- 고수 페스토 컵
- 잘게 썬 샬롯 3 테이블스푼
- 올리브 오일 3 테이블스푼
- 다진 작은 마늘 1 쪽
- 잘게 썬 신선한 고수 3 테이블스푼

마찰

- 과카몰리 비네그레트:
- 굵은소금 작은술
- 씨를 제거하고 껍질을 벗긴 아보카도 2 개
- 갈은 후추 한 꼬집
- 대형 라임 컵 1 개의 엑스트라 버진 올리브 오일 주스
- 씨를 제거하고 잘게 썬 토마토 1 개

지도:

a) 약 $425\frac{1}{4}F$ 의 직접 중간 정도 높은 열을 위해 그릴에 불을 붙입니다.

b) 새우 등을 가르며 가운데 부분을 열어주세요

c) 각 새우의 입구를 약 $\frac{1}{2}$~1 티스푼의 페스토로 채웁니다. 속을 채운 새우 전체에 올리브 오일을 바릅니다.

d) 과카몰리 비네그레트: 적당한 크기의 접시에 아보카도를 넣고 포크로 으깨세요. 남은 주성분을 넣고 저어주세요. 따로.

e) 그릴 창살을 닦고 오일을 바르세요. 새우를 단단하고 보기 좋게 그릴 표시가 될 때까지 불 위에서 직접 굽습니다. 한 면당 약 4 분 정도입니다.

f) 접시에 담아 과카몰리 비네그레트를 뿌립니다.

83. 나초 그릴

재료

- 잘게 썬 치즈

- 토마토

- 갈은 쇠고기

- 살사

지도

a) 철판에 알루미늄 호일을 깔고 나초를 쌓으세요. 그 위에 원하는 것을 추가하세요.

b) 뚜껑을 덮고 약한 불에서 몇 분 동안 불을 켜세요. 치즈가 녹으면 불에서 꺼내어 드세요.

84. 갈릭미트볼

제공량: 6

재료:

- 1~24 온스 쇠고기 미트볼 봉지(½ 온스 크기), 반으로 자른 것

- 얇게 썰거나 다진 큰 양파 2 개

- 껍질을 벗겨 속을 제거하고 4 등분한 사과 5 개

- 흑설탕 1-1/2 컵

- 사과 주스 1/2 컵

- 장식용 선택 재료: 말린 크랜베리, 석류 또는 사과

지도:

a) 오븐을 350°F 로 예열하세요. 4 쿼트 캐서롤 접시에 모든 재료를 넣고 뚜껑을 덮은 후 1~1/2~1~3/4 시간 동안 또는 양파가 부드러워질 때까지 굽습니다.

b) 요리하는 동안 가끔 저어주세요. 도기 냄비를 사용하는 경우 센 불에서 3 시간 동안 요리하세요.

c) 드시는 방법: 구운 도토리 호박이나 밥 위에 얹어 드세요.

d) 말린 크랜베리, 석류씨 또는 사과 조각으로 장식합니다.

85. 미트볼 스토가프

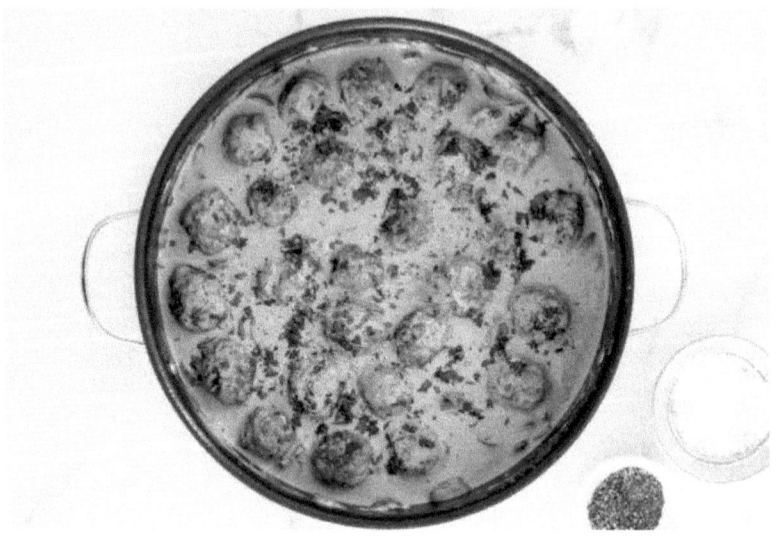

제공량: 6

재료:

- 1/2 - 24 온스 해동된 쇠고기 미트볼 봉지

- 10 온스 닭고기 수프 크림

- 치킨스톡 또는 물 1/2 컵

- 10 온스 얇게 썬 버섯, 물기 제거

- 사워 크림 1/2 컵

- 요리된 넓은 계란 국수

- 잘게 썬 신선한 딜 잡초

지도:

a) 미트볼을 전자레인지에 2~3 분 돌려 녹입니다.

b) 큰 냄비에 수프와 육수를 넣고 계속 저으면서 가열합니다.

c) 미트볼과 버섯을 넣고 뚜껑을 덮고 약한 불로 10 분 동안 끓입니다. 끓이지 않고 사워 크림과 열을 첨가하십시오.

d) 국수 위에 숟가락을 얹고 딜 위드를 뿌립니다.

86. 카레 미트볼

제공량: 6 - 8

재료:

- 1~24 온스 쇠고기 미트볼 봉지

- 식물성 기름 1 테이블스푼

- 다진 마늘 1 쪽

- 굵게 다진 녹색 및 빨간색 고추 각각 1 개

- 1 - 14 온스 파인애플 덩어리를 넣을 수 있나요?

- 옥수수 전분 2 테이블스푼

- 설탕 1/3 컵

- 식초 1/3 컵

- 간장 1 테이블스푼

- 캐슈넛 1/2 컵(선택사항)

- 구운 코코넛 1/4 컵(선택 사항)

지도:

a) 프라이팬 방법: 미트볼을 전자레인지에서 **1** 분 동안 부분적으로 녹입니다. 각 미트볼을 **3** 조각으로 자릅니다. 큰 프라이팬에 기름을 두르고 가열합니다. 마늘과 고추를 넣고 **2** 분간 볶습니다.

b) 미트볼을 추가하고 뚜껑을 덮고 미트볼이 완전히 익을 때까지 중간 불로 **10** 분간 조리합니다. 파인애플의 물기를 빼고 주스를 작은 그릇에 담습니다.

c) 파인애플 주스, 옥수수 전분, 설탕, 식초, 간장을 섞습니다. 미트볼 혼합물을 붓고 소스가 걸쭉해질 때까지 계속 저으면서 요리합니다.

d) 파인애플 덩어리와 캐슈를 넣고 저어주세요. 원한다면 구운 코코넛으로 장식하세요.

e) 도기 냄비 방법: 파인애플의 물기를 빼고 주스를 남겨두세요. 냉동 미트볼, 파인애플 주스, 후추, 마늘, 옥수수 전분, 설탕, 식초, 간장을 도기 냄비에 넣고 약한 불로 **8** 시간 동안(또는 높은 불로 **4** 시간 동안) 조리합니다.

f) 서빙하기 전에 파인애플 조각과 캐슈넛을 추가하고 구운 코코넛으로 장식합니다.

87. 크레마볼

제공량: 10-12

재료:

- 1 - 20 온스 쇠고기 미트볼 봉지

- 잘게 썬 노란 양파 1/4 컵

- 전지방 코코넛 밀크 1 캔

- 닭육수 1 컵

- 카레가루 4 티스푼

- 가람 마살라 1 티스푼

- 간 생강 1 티스푼

- 라임 1 개의 즙

- 다진 고수 1/2 컵

- 삼발 올렉 칠리 페이스트 (선택사항)

- 붉은 고춧가루

지도:

a) 큰 프라이팬에 코코넛 밀크와 오일을 녹입니다. 잘게 썬 양파를 넣고 3~4 분간 조리하세요.

b) 나머지 소스 재료를 섞어 미트볼에 넣고 완전히 섞습니다.

c) 프라이팬을 덮고 미트볼이 완전히 익을 때까지 끓입니다.

d) 서빙 직전에 고추가루를 뿌립니다. 추가 열을 위해 측면에 칠리 페이스트를 놓으십시오.

88. 프랑스 양파 미트볼

제공량: 10-12

재료:

- 1 - 26 온스 쇠고기 봉지

- 마른 양파 수프 믹스 1 팩

- 버섯 크림 수프 1 캔

- 크리미 양파 수프 또는 프렌치 양파 수프 1 캔

- 물 1 캔

지도:

a) 냉동실에서 슬로우 쿠커에 미트볼을 넣습니다.

b) 중간 크기의 그릇에 수프 믹스, 통조림 수프, 물을 함께 섞습니다. 미트볼 위에 붓고 저어주세요.

c) 가끔씩 저어주면서 약한 불로 약 4~6 시간 또는 높은 불로 약 2~3 시간 동안 요리합니다.

d) 계란 국수 위에 얹어 먹거나 이쑤시개를 곁들인 전채요리로 드세요.

89. 咻픋 마불

제공량: 5-6

재료:

- 1 - 26 온스 쇠고기 미트볼 봉지

- 진짜 메이플 시럽 1/2 컵

- 칠리소스 1/2 컵

- 말린 쪽파 2 작은술(또는 신선한 쪽파 2 큰술)

- 간장 1 테이블스푼

- 간 머스타드 1/2 티스푼

지도:

a) 냄비에 메이플 시럽, 칠리 소스, 쪽파, 간장, 간 머스타드를 넣고 섞습니다.

b) 약하게 끓입니다. 냄비에 미트볼을 넣고 다시 끓입니다.

c) 미트볼이 완전히 가열될 때까지 가끔씩 저어주면서 중간 불로 8~10 분 동안 끓입니다.

d) 이쑤시개를 곁들여 전채요리로 먹거나 따뜻한 밥 위에 얹어 드세요.

90. 마늘 세트피

제공량: 6

재료:

- 1 - 26 온스 쇠고기 미트볼 봉지

- 1 - 12 온스 항아리 준비 쇠고기 그레이비

- 1 - 16 온스 냉동 혼합 야채 봉지(분리될 정도로 해동됨)

- 사워크림과 쪽파 으깬 감자 1 박스(2 파우치 포함)

- 갈은 파마산 치즈 1/2 컵

지도:

a) 오븐을 350°F 로 예열하세요. 미트볼을 전자레인지에 1 분 동안 해동하세요. 각 미트볼을 반으로 자릅니다.

b) 큰 그릇에 반으로 자른 미트볼, 그레이비, 냉동 혼합 야채를 함께 섞습니다. 혼합물을 기름칠된 9 인치 x 13 인치 베이킹 접시에 붓습니다.

c) 사워 크림과 쪽파 감자 두 봉지를 준비하고, 패키지 사용법에 따라 우유, 뜨거운 물, 버터를 첨가하세요.

d) 준비된 감자를 미트볼 혼합물 위에 펴 바릅니다.

e) 감자에 파마산 치즈를 뿌리고 20~25 분간 굽습니다.

91. 스파티 미트볼파이

제공량: 4-6

재료:

- 1 - 26 온스 쇠고기 미트볼 한 봉지

- 다진 피망 1/4 컵

- 다진 양파 1/2 컵

- 1 - 8 온스 패키지 스파게티

- 계란 2 개, 살짝 풀어서 준비

- 갈은 파마산 치즈 1/2 컵

- 잘게 썬 모짜렐라 치즈 1-1/4 컵

- 26 온스 항아리 청키 스파게티 소스

지도:

a) 오븐을 375°F 로 예열하세요. 고추와 양파가 부드러워질 때까지 약 10 분간 볶습니다. 따로.

b) 스파게티를 삶아 찬물에 헹궈 물기를 뺀 후 두드려서 말려주세요. 큰 믹싱볼에 담습니다.

c) 계란과 파마산 치즈를 넣고 잘 섞어주세요. 스프레이된 9 인치 파이 플레이트 바닥에 혼합물을 누릅니다. 잘게 썬 모짜렐라 치즈 3/4 컵을 얹습니다. 냉동 미트볼을 전자레인지에 2 분 동안 해동하세요.

d) 각 미트볼을 반으로 자릅니다. 미트볼 반쪽을 치즈 혼합물 위에 겹겹이 쌓습니다. 스파게티 소스에 익힌 고추와 양파를 섞습니다.

e) 미트볼 층 위에 숟가락을 얹습니다. 호일로 느슨하게 덮고 20 분간 굽습니다.

f) 오븐에서 꺼내 스파게티 소스 혼합물 위에 모짜렐라 치즈 1/2 컵을 뿌립니다.

g) 거품이 생길 때까지 뚜껑을 덮지 않고 10 분간 계속 굽습니다. 웨지로 자르고 서빙하세요.

92. 쫄깃한 아삭안 미트볼

제공량: 10-12

재료:

- 1 - 20 온스 쇠고기 미트볼 한 봉지
- 호이신 소스 2/3 컵
- 쌀식초 1/4 컵
- 다진 마늘 2 쪽
- 간장 2 테이블스푼
- 참기름 1 티스푼
- 간 생강 1 티스푼
- 데리야끼 글레이즈 1/4 컵
- 흑설탕 1/4 컵
- 참깨, 선택사항

지도:

a) 오븐을 예열하고 포장 지침에 따라 미트볼을 요리하세요. 따로.

b) 미트볼이 굽는 동안 모든 소스 재료를 그릇에 넣고 잘 섞일 때까지 휘젓습니다.

c) 미트볼 요리가 완료되면 각 미트볼을 소스 혼합물에 개별적으로 담그거나(이쑤시개 사용) 소스를 미트볼 위에 붓고 소스 혼합물로 덮일 때까지 부드럽게 저어줍니다.

d) 밥 위에 얹고 완두콩과 구운 고추 조각을 메인 요리로 장식하거나 이쑤시개를 곁들인 전채 요리로 장식합니다.

93. 마늘와 스파티 쏘스

재료

- 미트볼 1 컵

- 소금 $\frac{1}{4}$ 티스푼

- 갈은 후추 $\frac{1}{4}$ 티스푼

- 갈은 파마산 치즈 $\frac{1}{2}$ 컵

- 살코기 다진 쇠고기 1 파운드

- 올리브 오일 1 테이블스푼

- 잘게 썬 양파 2 개

- 4 다진 마늘 정향 또는

- 2 다진마늘

- 캔 토마토 소스 14 온스

- 레드 와인 $\frac{1}{2}$ 컵 (선택 사항)

- 1 달콤한 피망

- 말린 잎 바질 1 티스푼

- 잎 오레가노 $\frac{1}{2}$ 티스푼

지도:

a) 고기를 1 인치 크기의 미트볼로 만듭니다. 스파게티 소스 요리에 추가하십시오.

b) 큰 냄비에 기름을 두르고 중간 불로 가열합니다. 양파와 마늘을 추가합니다. 2 분 동안 볶습니다. 남은 재료를 추가합니다. 뚜껑을 덮고 끓여서 자주 저어줍니다.

c) 그런 다음 불을 줄이고 끓이면서 최소 15 분 동안 자주 저어줍니다.

94. 요트에 국물 넣은 마늘

재료

- 다진 쇠고기 2 파운드

- 카이엔 고추, 강황, 고수풀, 계피를 꼬집습니다.

- 소금과 후추

- 마늘 2 쪽

- 식물성 기름 1 테이블스푼

- 스페인 양파 1 개

- 6 잘 익은 자두 토마토 - 핵심,

- 4 선드라이 토마토

- 국수

지도:

a) 그릇에 쇠고기, 계피, 고수풀, 강황, 카이엔, 소금, 후추, 마늘 절반을 섞습니다.

b) 깨끗한 손으로 잘 섞은 다음 고기를 3/4 인치 미트볼 모양으로 만듭니다. 그것들을 따로 보관해 두십시오.

c) 큰 캐서롤에 기름을 데우고 양파를 넣고 미트볼을 넣습니다. 자주 뒤집어 요리하세요.

d) 매실 토마토와 남은 마늘을 추가합니다. 선드라이 토마토, 소금, 후추를 넣고 한두 번 저어주면서 약한 불로 5 분간 끓입니다.

e) 국수: 큰 냄비에 물을 넣고 끓입니다. 면을 넣고 끓입니다.

f) 요구르트, 마늘, 소금을 넣고 저어주세요. 잘 버무린 후 넓은 그릇 6 개에 옮깁니다.

95. 마늘 곁인 스파게티

재료

- 1 쿼트 닭고기 국물

- 물 2 컵

- 파스티나 $\frac{1}{2}$ 컵

- 잘게 썬 신선한 파슬리 1 티스푼

- $\frac{1}{2}$ 파운드 살코기 다진 쇠고기

- 계란 1 개

- 향이 나는 빵가루 2 티스푼

- 갈은 치즈 1 티스푼

- 얇게 썬 당근 1 개

- 잎이 많은 시금치 $\frac{1}{2}$ 파운드

- 잘게 썬 부분

- 잘게 썬 신선한 파슬리 2 티스푼

- 다진 작은 양파 1 개

- 계란 2 개

- 강판 치즈

지도:

a) 수프 냄비에 수프 재료를 넣고 약한 불로 끓입니다. 그릇에 고기 재료를 넣고 작은 미트볼을 많이 넣고 끓는 국물 혼합물에 넣습니다.

b) 작은 그릇에 계란 2 개를 풀어주세요. 나무 숟가락으로 계란을 천천히 떨어뜨리면서 계속 저어주면서 수프를 저어줍니다. 열에서 제거하십시오. 뚜껑을 덮고 2 분 동안 그대로 놓아두세요.

c) 강판 치즈와 함께 제공하십시오.

96. 마늘파래올리쑤프

재료

- 올리브유 또는 샐러드유 1 테이블스푼

- 1 개의 큰 양파, 잘게 썬 것

- 1 마늘 정향, 다진 것

- 28 온스 통조림 토마토, 다진 것

- 토마토 페이스트 $\frac{1}{4}$ 컵

- 쇠고기 국물 13$\frac{1}{2}$ 온스

- 드라이 레드 와인 $\frac{1}{2}$ 컵

- 핀치 말린 바질, 백리향, 오레가노

- 12 온스 라비올리, 치즈가 가득한

- $\frac{1}{4}$ 컵 파슬리, 다진 것

- 파마산 치즈, 강판에 간

- 계란 1 개

- 부드러운 빵가루 $\frac{1}{4}$ 컵

- 양파 소금 $\frac{1}{4}$ 티스푼

- 1 마늘 정향, 다진 것

- 살코기 다진 쇠고기 1 파운드

지도:

a) 가열된 기름에 미트볼을 조심스럽게 갈색으로 만듭니다.

b) 양파와 마늘을 섞고 미트볼이 부서지지 않도록 주의하면서 약 5 분간 조리합니다. 토마토와 그 액체, 토마토 페이스트, 국물, 와인, 물, 설탕, 바질, 타임, 오레가노를 추가합니다. 라비올리 추가

97. 불갈아마볼 쇼프

산출량: 8 인분

재료

- 다진 쇠고기 1 파운드

- 쌀 6 큰술

- 파프리카 1 티스푼

- 말린맛 1 티스푼

- 소금 후추

- 밀가루

- 물 6 컵

- 2 쇠고기 부용 큐브

- ½ 다발 파, 슬라이스

- 1 녹색 피망, 다진 것

- 2 당근, 껍질을 벗긴, 얇게 썬 것

- 3 개의 토마토, 껍질을 벗기고 잘게 썬 것

- 1 밀리미터 노란 고추, 분할

- ½ 다발 파슬리, 다진 것

- 계란 1 개

- 레몬 1 개 (주스만)

지도:

a) 쇠고기, 쌀, 파프리카 및 풍미를 결합하십시오. 소금과 후추로 맛을 낸다. 가볍게 그러나 철저하게 혼합하십시오. 1 인치 공 모양으로 만듭니다.

b) 큰 주전자에 물, 부용 큐브, 소금 1 테이블스푼, 후추 1 티스푼, 파, 피망, 당근, 토마토를 넣고 섞습니다.

c) 뚜껑을 덮고 끓인 다음 불을 줄이고 30 분간 끓입니다.

98. 미트와 프랑크푸르트 쏘지

재료

- 다진 쇠고기 1 파운드

- 계란 1 개, 약간 풀어서 준비

- 건조된 빵가루 $\frac{1}{4}$ 컵

- 잘게 썬 중간 크기 양파 1 개

- 소금 1 테이블스푼

- 칠리 소스 $\frac{1}{4}$ 컵

- 포도 젤리 $\frac{1}{4}$ 컵

- 레몬즙 2 테이블스푼

- 프랑크푸르트 1 컵

지도

a) 쇠고기, 계란, 부스러기, 양파, 소금을 섞습니다. 작은 공 모양으로 만듭니다. 큰 프라이팬에 칠리 소스, 포도 젤리, 레몬 주스, 물을 넣고 섞습니다.

b) 열; 미트볼을 넣고 고기가 완전히 익을 때까지 끓입니다.

c) 서빙 직전에 프랭크를 추가하고 가열하세요.

99. 미트 마볼

재료

- 살코기 다진 쇠고기 2 파운드

- 부드러운 빵가루 2 컵

- 다진 양파 ½ 컵

- 계란 2 개

- 다진 신선한 파슬리 2 테이블스푼

- 소금 1 티스푼

- 마가린 2 테이블스푼

- 1 개 단지: (10 온스) 크래프트 살구 보존 식품

- 크래프트 바베큐 소스 ½ 컵

지도:

a) 고기, 부스러기, 양파, 계란, 파슬리, 소금을 섞습니다. 1 인치 미트볼 모양으로 만듭니다.

b) 오븐을 350 도까지 가열합니다. 중간 열에 큰 프라이팬에 마가린을 넣은 갈색 미트볼, 물을 빼다. 13 x 9 인치 베이킹 접시에 넣으세요.

c) 보존 식품과 바베큐 소스를 함께 저어주세요. 미트볼 위에 부어주세요. 가끔 저어주면서 30 분간 굽습니다.

100. 베남마롤

재료

- 살코기 다진 소고기 $1\frac{1}{2}$ 파운드

- 마늘 1 쪽, 으깬 것

- 달걀 흰자 1 개

- 셰리 1 테이블스푼

- 간장 2 테이블스푼

- 액체 연기 $\frac{1}{2}$ 티스푼

- 생선 소스 2 테이블스푼

- 설탕 1 꼬집

- 소금 1 개, 흰후추

- 옥수수 전분 2 테이블스푼

- 참기름 1 테이블스푼

지도:

a) 매우 부드러워질 때까지 믹서나 푸드 프로세서로 혼합물을 섞습니다.

b) 꼬치에 작은 미트볼을 만듭니다(꼬치당 미트볼 약 6 개).

c) 완벽하게 굽습니다.

결론

애피타이저는 일반적으로 정식 식사 및 손님이 왔을 때 예약됩니다. 전통적으로
칼로리가 높으며 종종 튀김에 사용됩니다. 그러나 몇 가지 작고 건강한 애피타이저로
구성된 식사는 건강에 해로운 큰 메인 요리에 대한 흥미롭고 다양한 대안이 될 수
있습니다.

이 책에는 기존 애피타이저보다 더 건강한 애피타이저 레시피가 담겨 있다. 소스가
과일과 야채로 만들어지기 때문에 요리에 대담한 색상을 부여하는 동시에 지방과 나트륨
함량을 상대적으로 낮게 유지하는 것을 볼 수 있습니다.